相続・遺言のポイント50

山下江法律事務所代表
弁護士 山下 江 編著

南々社

はじめに

◆相続のポイントを分かりやすく50項目にまとめました

　この本をざっと読んでいただければ、相続に関する基礎的な知識のすべてを理解することができます。また、相続に関して気になっている点を調べたい方は、該当ページを開けば、たちどころに疑問が解決すると思います。

　相続に関する法律（民法や税法）は多少複雑であり、これらを直接読んで理解することは困難なことです。しかし、相続は誰にでも発生する問題です。誰もが理解しておくべき事柄です。本書は、多少複雑な法律の仕組みを50のポイントにまとめて、分かりやすく解説しています。

　また、各弁護士による「コラム」や「江さんのQ&A」で補足しています。

　出版されている相続本の中で、一番分かりやすい本を目指して作成しました。

◆実務家弁護士と相続アドバイザーが執筆

　執筆者の14人の弁護士と2人の相続アドバイザーは、所属する山下江法律事務所にて、実際に相続に関するさまざまな相談やご依頼を多数取り扱ってきた者たちです。この本は、相続業務の多くの経験を踏まえての実践的立場から書かれたものです。本書を手に取られた方のお役に立つことは間違いないと確信しています。

◆法律の無知が争いを招く

　相続は、残された身内の者の間での財産上の分配ということであり、デリケートな問題を抱えています。日ごろから身内の間で感情的なわだかまりがある場合はもちろん、そうでない場合でも、ちょっとした行き

違いから大きな「争族」へと発展していくこともあります。私の経験でも、相続トラブルの解決のために数十年を費やしたという事案もありました。

　これとは違う事案ですが、親の面倒を見てきたのだから、相続財産を多くもらって当然と主張された方がいました。そのように思うのが自然かとも思います。しかし、法律は、親の面倒を見るのは親子の関係なら当然であり、通常考えられる面倒を超えた「特別の寄与」がなければ、相続財産の分配に当たり考慮されないということになっています。

　相続に関する法律を知っていれば、このような争いは起こらなかったのです。法律の無知は、争いを招くことになります。

◆**一家に一冊の相続本を**

　このような争いを防ぐためには、相続に関する知識を身内のもの全員が理解しておくべきと思います。相続財産の分配をめぐって意見の対立が発生した場合は、法律に立ち返って身内の間で整理し、お互いの理解を深めることが必要と思います。

　そのためにも、一家に一冊の相続本を用意することをお勧めします。分かりやすく50のポイントをまとめた本書が皆さんのお役に立つならば幸いです。

　　　　　　　　　　　　　　　　　　　　　弁護士　山下江

相続・遺言のポイント50　目次

はじめに ―――――――――――――――――――― 2

第1章　相続手続とは

ポイント1　相続とは死亡した人の財産上の地位を引き継ぐこと ――― 12

ポイント2　相続は人の死亡により開始する ――――――― 14

ポイント3　相続手続には期限が法定されているものがある ――― 17

ポイント4　相続は承認することも放棄することもできる ――― 20

ポイント5　相続手続は遺言の有る無しで大きく異なる ――― 22

ポイント6　相続人に認知症の人がいる場合 ――――――― 25

弁護士コラム　❶成年後見制度とは何ですか？ ――――― 27

弁護士コラム　❷将来、認知症などになった場合に備える任意後見契約とは？ ――― 30

ポイント 7	相続人に行方不明の者がいる場合 ——— 32
ポイント 8	相続人に未成年者がいる場合 ——— 34
ポイント 9	弁護士・司法書士・税理士で できることが異なる ——— 36
ポイント 10	相続アドバイザーが トータルにフォローできる ——— 38

第2章　相続人の基礎知識

ポイント 11	相続人になれる者と その順位・割合が法定されている ——— 42
ポイント 12	相続人が誰かは戸籍で確認する ——— 46
ポイント 13	親が死亡しているとき、 その子が「代襲相続人」となる場合がある ——— 52
ポイント 14	法定相続人がいない場合の財産は 国庫に帰属する。特別縁故者制度もある ——— 54
江さんのQ&A	❶内縁の妻は、主人の家から 出て行かないといけませんか？ ——— 56
ポイント 15	法定相続人でも 相続人になれない場合がある ——— 58

| 弁護士コラム | ❸夫が亡くなりました。同居している義母に出て行ってもらうことはできますか？ ── 61 |

| 江さんのQ&A | ❷放蕩息子に相続させたくないのですが…… ── 63 |

第3章　相続財産（遺産）の基礎知識

| ポイント16 | 慰謝料請求権は相続財産だが、生命保険金は違う ── 66 |

| 江さんのQ&A | ❸相続放棄しても生命保険金を受け取れますか？ ── 68 |

| 江さんのQ&A | ❹生命保険金は遺産分割の対象となりますか？ ── 70 |

| ポイント17 | 相続財産が一部の相続人に使い込まれていることがある ── 72 |

第4章　遺産分割の手続

| ポイント18 | 相続人全員が合意できれば、相続財産をどのようにも分割できる ── 76 |

| ポイント19 | 分割の仕方には、現物分割、換価分割、代償分割の３つがある ── 78 |

ポイント20	債務（借金など）は債権者との関係では当然分割される ———— 80
ポイント21	遺産分割協議が無効などになる場合がある ———— 82
ポイント22	相続人間で話がつかない場合は、家庭裁判所の調停・審判の手続で解決を図る ———— 84
ポイント23	裁判所が判断する「遺産分割の基準」がある ———— 86
ポイント24	生前に贈与を受けていた相続人は、相続分から「特別受益」を引かれる場合がある ———— 88
江さんのQ＆A	❺父の生前の姉への土地贈与は、遺産分割でどうなる？ ———— 92
ポイント25	生前に財産の維持または増加に貢献した相続人には「寄与分」が認められる場合がある ———— 94
ポイント26	借金を相続したくないなら「相続放棄」の手続が一番 ———— 98
江さんのQ＆A	❻夫の死亡後に、夫の内緒の借金が分かったのですが…… ———— 102
江さんのQ＆A	❼死亡した父の借金取り立てが来たが、払えないのですが…… ———— 104
江さんのQ＆A	❽父が交通事故で死亡し、借金が発覚。どうすれば…… ———— 106
ポイント27	生前に「相続放棄」はできないが「遺留分放棄」はできる ———— 108

江さんのQ&A	❾夫が別の女性との間でつくった子に相続させたくないのですが……	110
ポイント28	墓地の承継は指定がない場合その土地の慣習による	112
ポイント29	遺産分割協議書作成とその留意点について	114

第5章　遺言の手続

ポイント30	遺言書作成とそのメリット・デメリット	118
弁護士コラム	❹未成年の子どもがいる方は遺言を書こう	121
ポイント31	遺言書の方式には、主として「自筆証書遺言」「公正証書遺言」がある	123
ポイント32	遺言書の探し方。発見したら検認手続が必要な場合も	125
江さんのQ&A	❿タンスの中から父の遺言書が見つかったのですが……	127
ポイント33	遺言により相続人以外の人にも財産を譲ることができる	129
ポイント34	遺言によると取り分が少なすぎる相続人には、「遺留分減殺請求」という取り戻し手段がある	131

ポイント35	遺言書では「遺言執行者」を定めておいた方がいい ———— 136
ポイント36	遺言書が2通以上あるときは、新しいものが優先する ———— 139
ポイント37	認知症の疑いのある人の書いた遺言書はもめる場合が多い ———— 142
ポイント38	エンディングノートは役立つが遺言書としての法的効力はない ———— 144
ポイント39	遺言に代えて「家族信託」制度を利用することもできる ———— 147

江さんのQ&A ⓫自分が死んだ後のペットが心配ですが…… — 150

第6章　相続税の基礎知識

ポイント40	相続税は、特定の人への富の集中を回避し、公平な社会実現のためにある ———— 154
ポイント41	基礎控除、配偶者控除などにより、相続税が発生しない人が多い ———— 156
ポイント42	資産の評価の仕方は種別ごとに決まっている ———— 158
ポイント43	生命保険金や退職金には非課税となる部分がある（非課税限度額）———— 162

ポイント44	相続税総額の計算後に各人の負担額が決定される ——— 164
ポイント45	相続税などの期限を守らなかった場合には不利益がある ——— 167
ポイント46	遺産分割協議がまとまらないときは、ひとまず法定相続分で申告する ——— 171
ポイント47	現金納付が原則だが、延納や物納の例外がある ——— 173
ポイント48	無申告や過少申告には、加算税が課せられる ——— 175

第7章　生前贈与の手続

ポイント49	相続対策として生前贈与の方法がある ——— 178
ポイント50	生前贈与の税金を精算する「相続時精算課税制度」がある ——— 181
江さんのQ&A	⑫子どもがいない夫婦ですが、相続の注意点は？ ——— 184

編著者紹介 ——————————————— 186

第1章

相続手続とは

相続とは死亡した人の財産上の地位を引き継ぐこと

◆**相続とは**

「相続」とは、死亡した人の財産上の地位を引き継ぐことです。死亡した人を「被相続人」といい、地位を引き継ぐ人を「相続人」といいます。

「財産上の地位を引き継ぐ」とは、被相続人が持っていた財産上の権利や義務がそのまま相続人に引き継がれることです。

「財産上の地位」（権利・義務）には、以下のような種類があります。

現金や銀行の預金・貯金、株式など。貸金債権や売掛債権など。土地や建物、農地や山などの不動産。借地権・借家権。自動車やボートなど。美術品・貴金属や家具などの動産。特許権・著作権・商標権などの知的財産権。被相続人の裁判上の地位（原告や被告の地位）などがあります。また、マイナスの財産も含まれます。

◆**借金も相続財産の一つ**

マイナスの財産である借金も「財産上の地位」に含まれます。ですから、被相続人の借金は相続人に引き継がれることとなります。被相続人が被害者に対して負っている損害賠償債務も相続人に引き継がれることになります。

しかし、こうしたマイナス財産を相続人に必ず引き継がせることになると、相続人に酷な事態を強制することになります。

そこで、マイナス財産がプラス財産より多い場合には、相続人は「相続放棄」という手続をとれば、プラス財産を取得することはできませんが、借金などの相続を免れることができます。 ポイント26 P98

◆相続の対象にならないもの

　被相続人その人でしか権利義務がないような権利義務(一身専属権利義務といいます)については、相続の対象となる「財産上の地位」に含まれません。例えば、雇用契約における使用者・被用者の地位、使用貸借契約における借り主の地位、親権者の地位、親の子に対する扶養請求権、公営住宅の使用権などです。また、墓地など祭祀財産も相続財産ではありません。

◆相続は「人」と「財産」からなる

　相続における手続の主たるものは、相続財産を相続人にどのように分けるかです。財産にはプラスのみならずマイナスも含まれることは前述したとおりです。また、相続人が誰かということを確定しなければなりません。ですから、「相続」は「人(相続人)」と「財産(相続財産)」からなると言っても差し支えないと思います。

〈相続財産の例〉

建物や土地

貴金属

賃金債権

現金・貯金

借金

自動車

〈相続財産にならないものの例〉

雇用契約の使用者・被用者の関係

墓地

> **まとめ**
> 　相続とは、死亡した人(被相続人)の財産上の地位を相続人が引き継ぐことです。財産上の地位には、被相続人の権利などプラス財産のみならず、借金などマイナス財産もあるので注意が必要です。ただし、雇用契約における使用者・被用者の地位や親権者の地位、墓地などは、相続の対象となる財産上の地位に含まれません。

相続は人の死亡により開始する

◆相続開始は人の死亡

相続は、人（被相続人）の死亡により開始します。死亡の有無・日時は死亡診断書や検視などにより確定されます。また、死亡したことがはっきり分からない場合については、失踪宣告という制度があります。これは、一定の期間生死不明の者について死亡したものとみなす制度です。

◆失踪宣告

①7年以上生死不明、②戦地に臨み戦争終了後1年以上生死不明、③乗った船が沈没し、その後1年以上生死不明、④死亡の原因となる危難に遭い、その危難が去った後1年以上生死不明──の場合に、利害関係者が不在者の住所地を管轄する家庭裁判所に「失踪宣告審判申立」を行います。家庭裁判所の調査などを経て、失踪宣告が確定することになります。

◆相続開始後の流れ

相続開始後のおおまかな流れは、次の通りです（詳しくはP16）。

① まず遺言書があるかないかの確認が必要です。遺言書のあるなしによりその後の手続は大きく変わります。

② 次に相続人は誰かを確認する必要があります。

第1章 相続手続とは

③ 同時に相続財産（債務含む）を調査し、相続財産の評価・相続財産目録の作成をする必要があります。

④ 遺言書がない場合は相続人全員での遺産分割協議が必要となります。

⑤ 遺産分割協議が成立すればそれに基づいて遺産を分割します。

⑥ 遺産分割協議が成立しなかった場合は、家庭裁判所に遺産分割調停を申立、調停が成立。逆に調停不成立のときは審判となります。

⑦ 遺言書がある場合は、その内容に基づいて遺言執行を行います。

⑧ ただし、遺言書の内容について相続人間で疑義がある場合は、遺産分割協議を行うこともあります。

⑨ また遺留分減殺請求がなされたときは、当事者間での協議成立か調停・裁判となります。

まとめ

相続は人の死亡により開始します。また、失踪宣告が出されたときは死亡したものとみなされ相続が開始します。遺言書があるかないかにより、その後の相続手続は大きく変わります。遺言書が無い場合は相続人全員での遺産分割協議が必要となります。協議が不成立のときは家庭裁判所に遺産分割調停を申し立てることとなります。

■ 相続の流れ

※下記の順序は事案により先後することがあります。
※■は弁護士にご依頼いただけます。
※早期解決のためにも、早めのご相談をお勧めします。

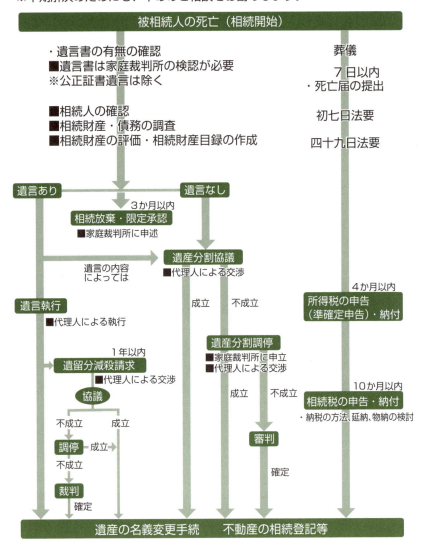

相続手続には期限が法定されているものがある

相続は被相続人が亡くなるのと同時に開始しますが、相続に関係する手続には、法律上、期限が定められているものがあります。法律上の期限までに手続を行わないと、思わぬ不利益を負ってしまうおそれもあるので、注意が必要です。

◆**相続放棄・限定承認の判断は3か月以内に**

相続人は、原則として「相続の開始があったことを知った時（通常は、被相続人の死亡の日）から3か月以内」に、相続を承認するか放棄するかを決めなければなりません。この期間のことを「熟慮期間」といいます。

熟慮期間を過ぎると相続放棄はできなくなり、例えば被相続人に多額の債務があった場合には、相続人がその債務を負担しなければならないことになります。

また、相続人は「相続した遺産の範囲内で相続人の債務を負担する」という限定承認の方法をとることもできます。この限定承認についても、相続放棄と同じく熟慮期間は3か月とされています。

◆**所得税の準確定申告は4か月以内に**

被相続人が自営業者であるなど、所得について確定申告をしていた場合には、相続人はその年の1月1日から死亡日までの所得税の申告をしなければなりません。これを準確定申告といいます。準確定申告の期限は、「相続の開始があったことを知った日の翌日から4か月以内」とされています。

◆相続税申告の期限は10か月

　また、被相続人の財産が一定以上ある場合は相続税の申告も必要になります。相続税の申告についても期限が定められており、「相続の開始があったことを知った日の翌日から10か月以内」とされています。

◆遺留分減殺請求権は1年で時効

　被相続人の遺言や生前の贈与などにより、相続人の遺留分（相続人が最低限相続できる割合）を侵害された場合には、その相続人は、遺留分を保全するのに必要な限度で遺産を取り戻すことができます。これを遺留分減殺請求といいます。　ポイント 34 P131

　この遺留分減殺請求権については、「相続の開始及び減殺すべき贈与又は遺贈があったことを知った時から1年」で時効により消滅するとされています。

■ 被相続人死亡後の諸手続と期限

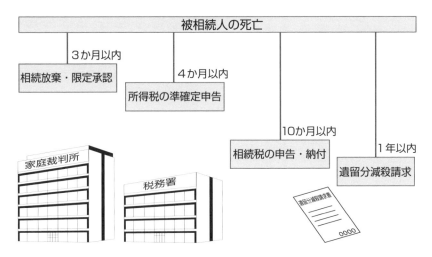

第1章 相続手続とは

■ 遺留分減殺請求通知書

遺留分減殺請求通知書

○○県○○市○○区○○○丁目○番○号
○○○○　殿

（遺留分を侵害している者を特定して記入）

通知人は、貴殿に対し、次のとおり通知します。

（被相続人を記入）
亡○○○○は、貴殿に対し、遺産の全部を相続させる旨の遺言をなし、平成○年○月○日に死亡しました。
　しかし、上記遺贈により通知人の遺留分が侵害されています。
　よって、通知人は、貴殿に対し、本書面をもって、遺留分の減殺請求をします。

平成○年○月○日

住所　〒○○○-○○○○
　　　○○県○○市○○区○○○丁目○番○号
　　　　通知人　　○○○○

> **まとめ**
> 　相続放棄および限定承認には、3か月の熟慮期間がありますが、長いようで短いものです。相続によって思わぬ負債を引き継いでしまうことのないよう、相続開始後は速やかに被相続人のプラスの財産、マイナスの財産について調べましょう。また、準確定申告、相続税申告といった税法上の期限についても確認しておきましょう。

相続は承認することも放棄することもできる

　被相続人が亡くなると、被相続人の財産は原則として相続人が法定相続分に応じて引き継ぎます。
　もっとも、相続人自身の意思も尊重する必要があるため、相続人は相続を承認するか放棄するかを決めることができます。

◆相続放棄をすると相続人ではなくなる

　被相続人に多額の借金があり相続したくない場合や、相続争いに巻き込まれたくない場合などには、相続放棄の手続をとることができます。
　相続放棄は、相続の開始があったことを知った時から3か月間の熟慮期間内に家庭裁判所で手続をしなければなりません。この熟慮期間は、事情によっては家庭裁判所に申立をすることで延長してもらえる場合もあります。また、3か月経過後に被相続人の債務が判明したという場合でも、被相続人には債務がないと誤信していたことに相当の理由があれば、相続放棄が認められる場合もあります。
　相続放棄をすると、初めから相続人ではなかったとみなされるので、被相続人のプラスの財産もマイナスの財産も相続しないことになります。

◆被相続人の財産が分からない場合は限定承認

　被相続人の財産が全体としてプラスなのかマイナスなのか分からない場合もあります。相続放棄をすれば債務を免れることはできますが、仮に債務を弁済してプラスの財産が残っても相続することはできません。
　そのような場合には「相続した財産の限度内で債務を弁済する」という限定承認の方法をとることができます。この方法であれば、財産が余った場合は相続できますし、債務の方が多くても、相続した財産以上には

弁済する必要はありません。

ただし、限定承認は相続放棄と同様に3か月の熟慮期間内に家庭裁判所で手続を行うことが必要です。また、相続人が複数いる場合は、全員が共同して行わなければなりません。さらに、手続の際には相続財産の目録を作成しなければなりません。

◆法定単純承認に注意

3か月の熟慮期間の間に相続放棄、限定承認の手続をとらなかった相続人は相続を承認したことになります。

他方、熟慮期間内であっても、相続人が相続財産の全部または一部を処分すると、相続を承認したとみなされ、相続放棄や限定承認をすることができなくなります。さらに、相続放棄や限定承認をした後であっても、相続財産を隠したり私的に消費したり、故意に財産目録に記載しなかった場合には、やはり相続を承認したとみなされます。

■ 相続財産不明の場合は限定承認 〜限定承認の効果（イメージ）〜

●もしプラスの財産の方が多ければ

| プラスの財産 | 相続する |
| マイナスの財産 | 相続する |

●もしマイナスの財産の方が多ければ

| プラスの財産 | 相続する |
| マイナスの財産 | 相続する | 相続しない |

> **まとめ**
> 熟慮期間中に相続放棄も限定承認もしなければ相続を承認したことになります。被相続人の財産について調査し、必要があれば家庭裁判所に熟慮期間の伸長を請求しましょう。また、相続放棄、限定承認をする可能性がある場合は法定単純承認となる「処分」をしないよう注意しましょう。

相続手続は遺言の有る無しで大きく異なる

◆まずは遺言の有無を確認

　遺言は、死後に自分の財産をどのように処分するか（してもらうか）についての意思表示です。被相続人にとっては最後の意思表示ともいえるものですので、その意思を尊重するため、遺言がない場合と比べて相続手続も大きく異なっています。したがって、被相続人が亡くなったら、まずは遺言が有るのか無いのかを確認する必要があります。

◆遺言が有る場合

　遺言（遺言書）が有る場合、その保管者または発見者は遅滞なく家庭裁判所に「検認」（遺言書の形状などを確認する手続）の請求をしなければなりません（公正証書遺言を除く）。

　検認の後、実際に遺産の分割手続に入りますが、分割の仕方は原則として遺言の内容に従うことになります。遺言の中で「遺言執行者」が定められていれば遺言執行者が分割手続を行い、遺言執行者が定められていなければ相続人が行います。

　したがって、遺言がある場合は遺産分割の方法について被相続人の意思が反映されることになります。ただし、遺言の内容が法定相続人の「遺留分」を侵害している場合は、その法定相続人から遺留分減殺請求権が行使され、遺産分割の方法が修正される可能性があります。　ポイント34 P131

◆遺言と異なる内容での分割は可能？

　遺言があっても遺言執行者が定められていない場合は、相続人全員の合意があれば遺言と異なる内容での遺産分割も可能とされています。

　また、遺言執行者が定められている場合でも、遺言執行者の同意のも

第1章 相続手続とは

とに、相続人、受遺者ら利害関係者全員の合意により遺言と異なる分割がなされた場合、その分割を有効とした裁判例があります。

したがって、遺言がある場合でも相続人の合意により遺言と異なる遺産分割を行うことは可能です。

◆**遺言がない場合**

遺言がない場合は、まず相続人全員による話し合い（遺産分割協議）をすることになります。前提として、戸籍などにより「誰が相続人なのか」を確認し、分割の対象となる「被相続人の財産として何があるのか」についても調査が必要です。

協議により相続人全員の合意が得られたときは、その内容を遺産分割協議書にまとめ、協議書に定めたとおりに遺産を分割していきます。

他方、協議できない、あるいは協議がまとまらない場合は、家庭裁判所に遺産分割調停・審判の申立を行い、そこでの結果に従って遺産が分割されることになります。

> **まとめ**
>
> 遺言がある場合は、原則として遺言のとおりに遺産が分割されますが、相続人や受遺者ら全員の合意により、分割方法を変更することも可能です。遺言がない場合は、相続人全員で遺産分割について話し合いを行い、協議がまとまらない場合は、家庭裁判所に遺産分割調停・審判の申立をすることになります。

■ 相続手続の流れ

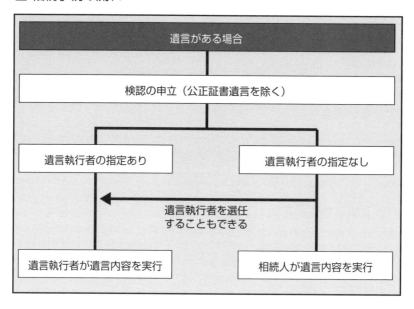

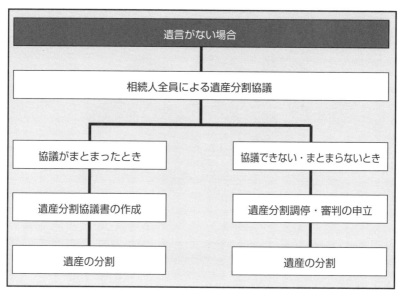

相続人に認知症の人がいる場合

◆相続に関する手続を有効にするには、本人に判断能力が必要

相続人が相続に関する法律上の手続（例えば相続放棄や遺産分割協議）をする場合、それを有効に行うためには、自分の行為の結果どのような法律上の効果が発生するかを理解できる判断能力が必要です（これを「意思能力」と言います）。

認知症などによってこのような判断能力を欠く人が相続に関する法律上の手続をしても、その行為は無効です。例えば、遺産分割協議に参加した相続人の中に意思能力のない相続人が加わっていると、遺産分割協議自体が無効になってしまいます。

◆判断能力が不十分な人のための成年後見制度

十分な判断能力の無い人は、自分だけで有効に法律上の手続をすることができないので、そのような人を保護・援助するために成年後見制度が作られています（判断能力の程度に応じて、成年後見、保佐、補助の３つの制度がありますが、ここでは成年後見に絞って説明します）。

具体的には、家庭裁判所から選ばれた「成年後見人」が、判断能力の不十分な本人に代わって、財産の管理などの法律上の行為をすることになります。

相続に関する手続も、本人の財産にかかわるものなので、成年後見人が本人に代わって相続放棄をしたり、遺産分割協議に参加したりすることになります。

◆成年後見申立の手続

成年後見人を選んでもらうためには、本人の住所地を管轄する家庭裁

判所に、本人またはその家族（配偶者、四親等以内の親族）などが後見開始の審判の申立をする必要があります。

　成年後見人には、本人の家族が選ばれる場合もありますが、親族間に対立がある場合などは、弁護士などの利害関係の無い第三者が選ばれる場合もあります。

　なお、成年後見の手続は、本人の判断能力が不十分な状態が続く限り継続されるものなので、一度成年後見人が選任されると、相続に関する手続が終わった後も、成年後見人がそのまま継続して本人の財産管理にあたることになります。

■ 後見開始の申立手続の流れ

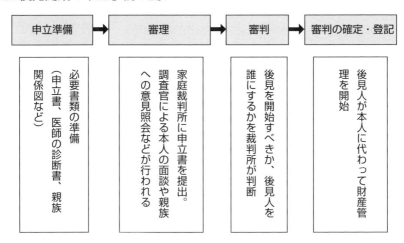

申立準備	審理	審判	審判の確定・登記
必要書類の準備（申立書、医師の診断書、親族関係図など）	家庭裁判所に申立書を提出。調査官による本人の面談や親族への意見照会などが行われる	後見を開始すべきか、後見人を誰にするかを裁判所が判断	後見人が本人に代わって財産管理を開始

> **まとめ**
> 　十分な判断能力のない人が行った法律上の手続は、無効とされる可能性があります。ですから、相続人の中に十分な判断能力がない人がいる場合には、家庭裁判所に成年後見の申立をして成年後見人を選任してもらい、成年後見人が本人に代わって手続を行う必要があります。

成年後見制度とは何ですか？

■法定後見制度と任意後見制度

　後見制度とは、ある人の判断能力が不十分な場合に、本人を法律的に保護するため、申立を受けて家庭裁判所が本人に対する援助者を選び、その援助者が本人のために活動するという制度です。

　成年後見制度には、法定後見制度と任意後見制度の2種類があり、法定後見制度には、本人の判断能力の程度に応じて、成年後見、保佐、補助の3つの類型があります。以下では、この3つの類型の違いについてご説明いたします（任意後見制度については、「知っ得！弁護士コラム2」（P30）をご参照ください）。

■成年後見——本人に判断能力が全くない場合

　成年後見は、本人が一人で日常生活を送ることができないとか、一人で財産管理ができないというように判断能力が全くない場合に利用される制度です。

　その際、本人を援助するために裁判所で選任された人のことを後見人といいます。後見人には、本人に代わって財産的な行為をする広範な代理権が与えられ、判断能力のない本人自身では有効に行うことができない契約を代わりに契約することになります。また後見開始後に、本人がしてしまった契約を取り消す権利が与えられます。

　後見人の職務が適正に行われているかについては、裁判所が監督するこ

とになっており、必要があれば後見監督人が選任されることになります。

■保佐──本人の判断力が著しく不十分な場合

　保佐とは、本人一人で日常的な買い物など簡単な取引はできるが、金銭の貸し借りや、不動産の売却等の重要な行為は一人ではできない場合など、本人の判断能力が著しく不十分な場合に利用される制度です。

　保佐の制度で、本人を援助するために裁判所から選任される人のことを保佐人といいます。保佐人が選任されても、本人がした行為は原則として有効ですが、法律上定められた行為（例えば、不動産の売却、借金、遺産分割等：「民法第13条1項」）については、保佐人の同意を得た上で行わなければならないとされており、同意を得ずに本人がした行為については後から保佐人が取り消すことができます。保佐人の同意を要する行為については、法律で決められたもの以外に、裁判所の審判によって同意事項を追加することができます。

　そのほか、本人の同意を条件に、特定の法律行為につき、保佐人に代理権を与える審判がなされれば、その法律行為について保佐人が本人を代理できるようになります。

このように、後見の場合に比べると、保佐人の権限は限定的であり、本人の自己決定を尊重するような制度内容になっています。

■補助――本人の判断能力が不十分な場合

　補助とは、保佐の必要性まではないが、本人が一人で重要な財産行為を適切に行うことができるか不安があり、本人の利益のために誰かに支援をしてもらった方が良いと思われる場合など、本人の判断能力が不十分な場合に利用される制度です。この場合に裁判所が選任する援助者を補助人といいます。

　補助の場合は、保佐の場合と異なり、あらかじめ法律で定められた補助人の同意事項がありません。必要に応じて、裁判所が、「民法１３条１項」に列挙された事項の中から、補助人の同意を得なければならない行為をいくつか定めることになります。

　補助人が本人の代理をすることができる事項については、保佐の場合と同様、裁判所が定めることになります。

　以上のように、補助の制度の場合、保佐の制度に比べてさらに本人の権限が広く残され、本人の自己決定権が尊重されるようになっています。

　以上、３つの制度のどれが適用されるかは、本人の判断能力に応じて裁判所が決定することになり、本人の判断能力の程度に疑義がある場合は医師による鑑定が実施されます。

　例えば、後見開始で申立をしていても、鑑定が行われて保佐が相当と判断された場合、後見が開始されることはないので、保佐開始の申立に切り替える必要があります。

（弁護士　新名内 沙織）

将来、認知症などになった場合に備える任意後見契約とは？

■任意後見制度とは？

　将来認知症などになって判断能力が不十分になってしまった場合に備えておくための、任意後見契約についてお話しします。

　判断能力が十分にある間にあらかじめ任意後見契約を締結しておき、任意後見制度を利用することによって、将来認知症などになって判断能力が不十分になってしまったときには、後見人に財産の管理などをしてもらうことができます。任意後見制度は、「任意後見契約に関する法律」で定められています。

■自分で信頼のできる人を後見人に選べるのがメリット

　しかし、わざわざ任意後見契約を締結して任意後見制度を利用しなくても、そもそも、民法は、判断能力の不十分な人のために、その判断能力の程度に応じて、3種類の法定後見制度を用意しています。判断能力を欠いている人を対象とする「後見制度」、判断能力の著しく不十分な人を対象とする「保佐制度」、判断能力の不十分な人を対象とする「補助制度」です。

　任意後見制度は、どういった点で法定後見制度と違うのでしょうか？

　任意後見制度は、判断能力がある間に任意後見契約を締結して、後見人を引き受けてもらう、という点で、法定後見制度とは大きく異なっています。任意後見契約も契約である以上、任意後見契約締結時において

は、十分な判断能力があることが必要になります。自分の判断能力が十分にある間に、信頼できる人を自分で後見人に選んでおくことができるというのが、任意後見契約の大きなメリットです。

ただし、任意後見制度を利用するためには、法律で定められた手続に従う必要があります。

まず、任意後見契約書は公正証書で作成する必要があります。任意後見契約を締結したことは、任意後見契約書を作成した公証人が職権で申請し、東京法務局に登記されます。

そして、任意後見の開始（後見人としての活動開始）には、関係者が家庭裁判所に申立をして、家庭裁判所で後見監督人が選任されることが必要です。申立ができるのは、本人、配偶者、4親等内の親族、後見人を引き受けた人（任意後見受任者）です。判断能力が不十分になっても、任意後見は自動的には開始しませんから、この点は注意が必要です。

老後に備えてあらかじめ十分な準備をし、安心して年齢を重ね老後を迎えたいものです。

（弁護士　笠原　輔）

ポイント7 相続人に行方不明の者がいる場合

◆**相続人の中に行方不明者がいる場合**

　遺産分割協議は相続人全員で行う必要があるため、相続人の中に行方不明者がいる場合に残りの相続人だけで遺産分割協議をしても、その協議は無効になってしまいます。

　行方不明者がいる場合には、まずはその所在調査を尽くす必要があります。

◆**行方不明者がいる場合の手続**

　調査を尽くしても行方不明者が見つからない場合、その者の最後の住所地を管轄する家庭裁判所で、不在者財産管理人を選任してもらい、本人に代わって遺産分割などの手続に参加してもらうことになります。

　不在者財産管理人は、本人がいない間にその財産が毀損してしまわないよう管理することを目的に選ばれるので、原則として財産の保存、管理しかすることができず、財産を処分する権限はありません。このため、不在者財産管理人が本人に代わって遺産分割を行う場合には、協議内容通りの分割で良いかどうか、家庭裁判所の許可を別途得る必要があります。

◆**7年以上生死が不明の場合は失踪宣告の手続を**

　行方不明の人が7年以上生死不明の場合、「失踪宣告」という手続をとると、その人は死亡したものとみなされます。

　具体的には、家庭裁判所が、6か月以上の期間を定めて、本人に生存の届け出をすることや本人の生死を知る者にその届出をすることを求める公告をし、その間に届出がなく期間を経過すると失踪宣告の審判をします。その場合、最後に生存が確認できた時から7年経過した時点で死

亡したものとみなされます。

　被相続人より先に行方不明者が死亡していたとみなされる場合は、相続人ではなかったと扱われることになります。その場合、行方不明者に子どもがいれば代襲相続人 ポイント 13 P52 としてその子どもが遺産分割協議に参加することになります。代襲相続が発生しない場合は、行方不明者を除いた相続人間で遺産分割協議をすれば足りることになります。

　被相続人より後に行方不明者が死亡していたと見なされる場合は、行方不明者の相続人が遺産分割協議に加わることになります（相続人が誰かということについては第2章をご参照ください）。

■ 相続人に行方不明者がいる場合の手続

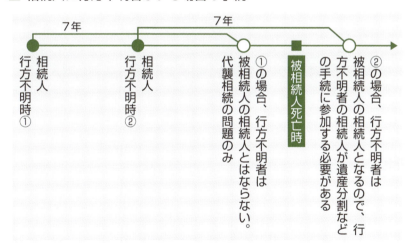

> まとめ
> 　相続人の中に連絡が取れない人がいる場合は、まずその所在の調査を尽くします。それでも見つからない場合は、不在者財産管理人選任の手続をとる必要があります。また、不在者が長年行方不明の場合は失踪宣告の手続をとることも考えられます。

相続人に未成年者がいる場合

◆未成年者とその親が同時に相続人になる場合、特別代理人が必要

　未成年の子の親は、子の財産を管理し、その財産に関する法律上の行為について子を代理して行う権限があります。

　しかし、例えば亡くなった父親の遺産分割について、その妻である母親と未成年の子が相続人としてともに遺産分割協議に加わる場合、母親が子の代理もできるとなると、子の相続分を少なくして自分に有利な内容で遺産分割協議を成立させ、子に不利益を与える可能性があります。

　このように、親と子の利益が相反する可能性がある場合には、子の利益を守るために家庭裁判所に子の「特別代理人」を選んでもらい、特別代理人に手続をしてもらう必要があります（次ページ下の左図）。

◆未成年の子が複数おり、その利益が相反する場合も特別代理人が必要

　親が相続放棄して遺産分割協議に加わらない場合など、未成年の子と親の利益が相反する可能性がない場合は、親が未成年の子の代理人として相続の手続をすることが出来ます。

　しかし、上記のように親と子の利益が相反しない場合でも、未成年の子が2人以上いる場合には、親が全ての子の代理人として手続をすることはできません。なぜなら、1人の子に有利に、ほかの子には不利に分割する場合など、子の間での利益が相反する可能性があるからです。このように子同士の利益が相反する場合には、複数いる子のうち、1人については親が代理人となることができますが、それ以外の子については、特別代理人を選任する必要があります（次ページ下の右図）。

第1章 相続手続とは

◆特別代理人選任の手続

特別代理人を選任してもらうには、子の住所地を管轄する家庭裁判所に特別代理人選任の申立をする必要があります。もし、特別代理人の選任をせずに遺産分割協議などの手続を進めてしまうと、後から無効とされて手続をやり直さなければならなくなる可能性があります。

◆胎児がいる場合

胎児については、相続の場面においては既に生まれたものとみなされるので、亡くなった人の子がまだ胎児であったとしても相続権があることになります。このような場合に、胎児を除外して行った遺産分割協議は無効です。ただ、胎児が無事に出生できなかった場合には相続しなかったことになるので、相続人の中に胎児がいる場合には、出生後に遺産分割協議をすることが望ましいです。

■ 特別代理人の選任が必要な場合

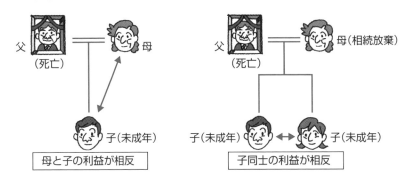

> まとめ
>
> 親と未成年の子で利益が相反する場合や複数の未成年の子同士で利益が相反する場合には、家庭裁判所で特別代理人を選任してもらう必要があります。また、胎児は相続人として扱われ、胎児を除いた遺産分割協議は無効となります。

弁護士・司法書士・税理士でできることが異なる

◆相続専門家の御三家「弁護士」「司法書士」「税理士」

「相続のこと、誰に相談しますか?」という質問をすると、大半の方が「弁護士」か「司法書士」か「税理士」のうちのどれかを答えます。

相続専門家の御三家ともいえる弁護士、司法書士、税理士ですが、このうち誰か一人の専門家に相談するだけで問題や不安がすべて解消する、ということはほぼありません。右の表からも分かるように相続というのはさまざまな専門分野が複雑に絡み合っています。遺産の分け方でもめている人と、自宅不動産の名義変更で困っている人、相続税がいくらになるのか気になっている人とでは、相談相手が異なります。

◆不動産の相続手続は「司法書士」

亡くなった方の財産に不動産があった場合、相続人への名義変更をする必要があります。その手続をサポートしてくれるのが「司法書士」です。不動産の名義変更を行うために必要な場合は、財産や相続人の調査や遺産分割協議書の作成もしてくれます。不動産の名義変更を代理できるのは司法書士のみ(ただし、次ページ※4)です。

◆相続税の計算・申告は「税理士」

相続税については第6章で詳しく説明しますが、相続財産が一定以上の金額になると税務署に申告をして相続税を支払う必要があります。相続税の計算や申告をサポートしてくれるのが「税理士」です。税理士も税務申告に必要な範囲で相続人調査や遺産分割協議書の作成をすることがあります。ただし、相談する税理士を選ぶ場合には注意が必要です。相続税の申告が必要な人は発生した相続全体の4~5% ポイント40 P154

と少数のため、相続の実務経験がゼロという税理士は少なくありません。相続税申告のスペシャリストとなると、ほんの一握りです。相談する税理士を選ぶ際には、相続分野での実績をしっかりチェックしましょう。

◆**手続から紛争まで幅広く相続をサポートする「弁護士」**

弁護士は、不動産の有無、相続税申告の要否にかかわらず、広く相続手続をサポートします。その範囲に制限はありません。また、紛争に発展した場合に代理人として交渉や調停、訴訟のサポートをできるのは弁護士だけです。紛争の火種は相続発生前または発生直後にできることが多いものです。「争族」の現場を熟知しているからこそ、早期に弁護士に相談することで最悪の事態を回避したり、無用な争いを防ぐことが期待できます。

■ 弁護士・司法書士・税理士の相談の専門分野

	税理士	司法書士	弁護士
遺言書作成	×※1	○	○
財産調査	△※2	△※3	○
相続人調査	△※2	△※3	○
紛争介入	×	×	○
遺産分割協議書作成	△※2	△※3	○
不動産の名義変更	×	○	△※4

※1 行政書士としても登録している税理士は可
※2 相続税申告に付随する範囲で可能
※3 相続登記に付随する範囲で可能
※4 違法ではないが相続登記を業務とする弁護士は少ない

まとめ

さまざまな専門分野が絡み合う相続問題について最善の解決を目指すなら、自分の抱える問題にマッチした専門家に相談するべきです。具体的に誰に相談するかは「相続に関する実績」をみて判断しましょう。
弁護士への早期相談が円満相続への近道です。

ポイント10 相続アドバイザーがトータルにフォローできる

◆相続に不安を感じたとき、誰に相談すればよいか

いざ自分が相続問題に直面したとき、いったい誰に相談したらよいのか分からない方も多いのではないでしょうか？　よく知られているところでは、相続税の申告であれば税理士、不動産の名義変更であれば司法書士。しかし、これは相続問題が解決した後の手続の段階での話です。

相続問題は千差万別、一つとして同じものはありません。日ごろから相続業務にかかわっている専門家でも、個々の相続問題については詳しく聞き取りをしないと、何一つアドバイスできないのが実情です。たとえ詳しい聞き取りをしたとしても、それが自分の専門外であるためにアドバイスできない場合もあります。

◆まずは問題を整理する

相続問題とそれに伴って必要となる相続手続は、実に多様な分野に渡っています。相続業務にかかわる専門家には、税理士、行政書士、司法書士、弁護士、公証役場の公証人、不動産鑑定士、測量士、土地家屋調査士、ファイナンシャルプランナー、保険外交員、コンサルタントなどがあります。そして、案件によって必要となる専門家も違ってくるのです。自分の場合はどこに相談に行けばよいのか──？

そんな時、自分の相続問題を整理して、どの専門家に何を相談すればよいのかを教えてくれる道先案内人がいてくれたら助かります。

◆相続アドバイザーとは何か

相続に関して専門分野の垣根を越えた横断的な知識を持ち、相続対策からその実現、また相続問題の解決まで、相続全体を通して、いつ、ど

第1章 相続手続とは

の専門家にどのような依頼をするべきか、個別多様な相続の各段階に応じて必要なことを示し、専門家のコーディネートをしてくれるのが相続アドバイザーです。

相続問題が少しでも気になる方がいらっしゃいましたら、まずは相続アドバイザーに相談することをお勧めします。

■ 相続アドバイザーの役割

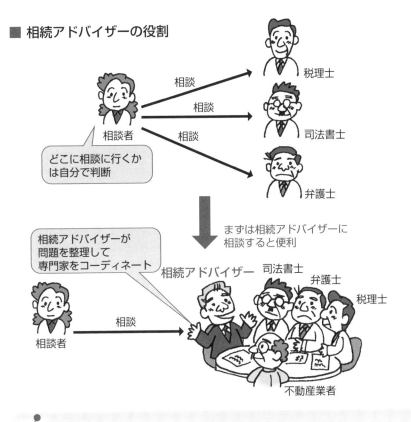

> **まとめ**
>
> 相続問題にかかわる専門家の専門分野は多様です。相続アドバイザーは、個別の相続問題に対して、誰に何を相談すれば良いのか、問題を整理して必要な専門家をコーディネート（紹介）してくれます。

第2章

相続人の基礎知識

相続人になれる者とその順位・割合が法定されている

◆「相続人」とは？

相続は、人の死亡により開始するが、亡くなった人を「被相続人」といい、被相続人の遺産を相続する人を「相続人」といいます。

◆配偶者は常に相続人である

相続人になれる者とその順位については民法で定められています。

被相続人の配偶者（夫または妻）である者は、常に相続人となります。相続が開始した時点を基準とするので、被相続人が亡くなる前に離婚した者（前夫または前妻）は相続人とはなりません。

◆配偶者以外に相続人になるのは誰か？

配偶者以外の人は、次の順位で配偶者とともに相続人となります。

1．第1順位：被相続人の子

被相続人の子は第1順位の相続人で、常に相続人になります。子がいる場合は、被相続人の親・祖父母や兄弟姉妹は相続人にはなりません。

なお、その子が既に死亡しているときは、その子の直系卑属（子や孫など）が相続人となります（これを「代襲相続」といいます。その子の子も孫もいるときは、被相続人により近い世代である子〈「代襲者」といいます〉の方を優先します）。 ポイント13 P52

胎児も相続人になります（死体で生まれたときは相続人にはなれません）。

2．第2順位：被相続人の直系尊属（父母や祖父母など）

被相続人に子（第1順位の者）がいないときは、被相続人の直系尊属（父母や祖父母など）が相続人となります。父母も祖父母もいるときは、被

相続人により近い世代である父母の方を優先します。
　第2順位の人は、第1順位の人がいないときに相続人になります。
3. 第3順位：被相続人の兄弟姉妹
　被相続人に子（第1順位の者）も直系尊属（第2順位の者）もいないときは、被相続人の兄弟姉妹が相続人となります。その兄弟姉妹が既に死亡しているときは、その人の子（代襲者）が相続人となります。兄弟姉妹には、再代襲相続 ポイント13 P52 はありません。
　第3順位の人は、第1順位、第2順位の人がともにいないときに相続人になります。

◆先の順位の人がいないときとは？
　民法では順位が先の人がいないときに初めて、順位が後の人が相続権を持つことになっています。
　先の順位の人がいないときとは、相続開始以前に死亡している場合だけでなく、相続欠格・廃除により相続権を失った場合 ポイント15 P58 や相続放棄 ポイント4 P20 をした場合も含みます。

◆相続分について
　相続人の相続分は次のように法定されています（法定相続分）。
①相続人が配偶者と子どもの場合
　　配偶者　　2分の1
　　子ども　　2分の1（数人いるときは全員で2分の1を均分する）
②相続人が配偶者と直系尊属の場合
　　配偶者　　3分の2
　　直系尊属　3分の1（数人いるときは全員で3分の1を均分する）
③相続人が配偶者と兄弟姉妹の場合
　　配偶者　　4分の3

兄弟姉妹　4分の1（数人いるときは全員で4分の1を均分する）
　なお、被相続人の遺言で指定する相続分や遺言による委託によって第三者が指定する相続分を指定相続分といい、指定がない場合に法定相続分によって決定されます。

◆**愛人や内縁の妻には相続権があるのか？**
　内縁関係とは、婚姻届を提出しないで一緒に暮らす関係（事実婚）ですが、例えば夫が亡くなった場合、「内縁の妻」には相続権があるのでしょうか。
　実態としては配偶者と同様の関係といえますので、相続権が認められるとも思われます。しかし、相続権をもつ配偶者とは、戸籍でその存在を確認できる法律婚の配偶者をいい、内縁関係の配偶者は含まれません。同様に、婚姻関係には無い愛人にも、相続権はありません。
　内縁の配偶者が、その夫や妻の死後に遺産を取得するには、法定相続以外の方法によるしかありません。愛人についても同様です。

◆**愛人や内縁の妻の子には相続権がある**
　愛人や内縁の妻の子は、法律上は「非嫡出子」と呼ばれます。結婚している男女のもとに生まれた子を「嫡出子」といい、結婚していない男女のもとに生まれた子を「非嫡出子」といいます。民法では、非嫡出子も認知をされていれば、相続人となるので、愛人や内縁の妻の子には相続権があるのです。
　以前は、非嫡出子の相続分は、嫡出子の2分の1とされていました。しかし、2013年9月4日に民法の規定が憲法の平等原則に反するとの判断が最高裁判所で出されたのを受けて、民法が改正されました。
　現在では、嫡出子であろうと非嫡出子であろうと、相続分は「子」として同等とされています。

第2章 相続人の基礎知識

■ 相続人と相続分

第1順位の相続

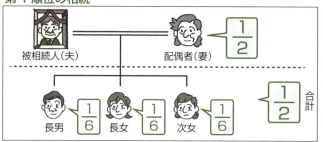

第2順位の相続

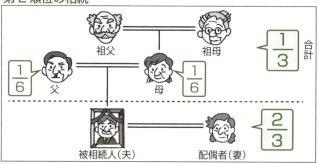

第3順位の相続

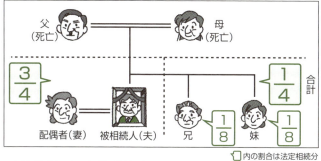

☐内の割合は法定相続分

> **まとめ**
> 　相続人の範囲・順位・割合は法定されており、配偶者と子は常に相続人になります。愛人や内縁の妻の子であっても認知されていれば相続人になります。しかし、愛人や内縁の妻は相続人にはなれないので、被相続人の財産を取得するためには、法定相続以外の方法によることになります。

ポイント 12 相続人が誰かは戸籍で確認する

◆**相続手続は相続人の確認から**

相続手続を進める上で、「相続人」は誰か、を確認しておくことは、欠かせない作業です。

「親族関係など戸籍を見なくても分かる」と思うかも知れませんが、被相続人に隠し子がいたり、知らないうちに甥や姪を養子にしていたりということもあり得ます。遺産分割協議の成立後に、そのような事実が判明すると、もう一度協議をやり直さなければならず二度手間になります。遺産分割協議は、過不足なく「相続人」全員で行わなければ効力がないからです。

◆**被相続人の戸籍をさかのぼる**

そのため、初めに「戸籍」によって相続人を確認しておくことが、結局は、相続手続を早く確実に進める近道になります。

具体的には、被相続人の出生から死亡までの連続した戸籍を全て取得して確認します。実際に確認する際には、死亡時の戸籍からさかのぼって出生時まで調べていくことになります。被相続人が入っていた戸籍は、戸籍の電子化や結婚・離婚などによって切り替わり複数存在していることが通常です。これら全て（戸籍全部事項証明書、除籍全部事項証明書、改製原戸籍など）を取得してください。

もし、隠し子（認知した子）や養子などがいれば、戸籍に記載があります。

◆**戸籍では不十分な場合もある──胎児は相続人になる──**

しかし、場合によっては、出生から死亡までの戸籍を確認しても、な

第2章 相続人の基礎知識

■ 被相続人の戸籍をさかのぼる一つの例

	戸籍に記載されている期間	確認できる事項
①死亡時の戸籍全部事項証明書 （電子化された現行戸籍）	戸籍の電子化～死亡	死亡など
②婚姻後の改製原戸籍 （電子化前の現行戸籍）	婚姻～戸籍の電子化	婚姻、子の誕生、子の婚姻など
③婚姻前の改製原戸籍 （電子化前の現行戸籍）	戸籍の改製 （現行戸籍化）～婚姻	婚姻、出生、兄弟姉妹など
④出生時の改製原戸籍 （旧方式の戸籍）	出生～戸籍の改製 （現行戸籍化）	出生、兄弟姉妹など

お不十分なことがあります。一つは、相続人が胎児の場合です。

　権利や義務の帰属主体になれるのは出生時からというのが民法の大原則ですが、相続の場面の胎児についてだけは例外で、被相続人の死亡時にまだ生まれていなくても、相続人になります。

この場合、胎児が生まれて出生届が出されるまでの間、戸籍に胎児の記載はないので戸籍のみでは、全ての相続人を確認できません。

また、胎児が死産の場合は相続人にはなれないので、その胎児の出産まで相続人は最終的に確定しません。遺産分割を急ぐ事情がなければ、混乱を避けるために、胎児が生まれるのを待って、遺産分割協議をした方がよいでしょう（その際、生まれた子に特別代理人が必要な場合があることについては ポイント ❽ P34 ）。

◆**戸籍に記載がない身分関係がある――認知されていない子など――**

戸籍で全ての相続人を確認できないもう一つの類型は、戸籍に真実の身分関係が反映されていない場合です。

通常、戸籍には全ての身分関係の記載があり、戸籍に記載のない身分関係を想定する必要はありません。

しかし、例外的に次のようなケースがあり得ます。例えば、被相続人X（男）には、隠し子Aがいて、しかも、認知がなされていなかった、といったケース。法律婚をしていない男女の間に生まれた婚外子（法的には「非嫡出子」といいます）が認知されていない場合、戸籍上、XとAの親子関係をつなぐ記載はありません（さらに言えば、認知がなされるまでは法律上は親子とも認められません）。このような場合でも、Xの死後、Aから「死後認知」の手続をとることができます。

そして、死後認知がなされると、Aは、さかのぼって生まれた時からXとは法律上も親子だったと認められ、Xの相続人となります。

なお、本来、遺産分割は相続人全員で行わなければ無効ですが、死後認知の場合については例外的に、死後認知までにほかの相続人によってなされた遺産分割は有効です。死後認知された子は、ほかの相続人に対して自分の相続分相当の金銭支払いのみを請求できます。

■ 認知されていない子がいる場合

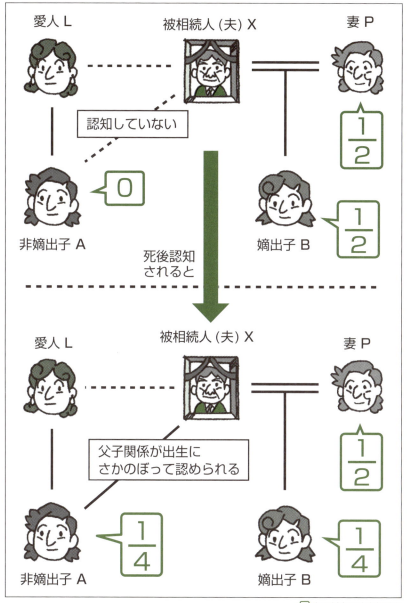

🗨 内の割合は法定相続分

◆戸籍の身分関係が間違っていることがある──婚姻無効など──

　戸籍に記載された身分関係は真実であることがほとんどですが、ときには戸籍が真実と異なる場合があります。

　例えば、被相続人Xには戸籍上晩年に再婚した配偶者Pがいるものの、XとPとの再婚は重度認知症のXの遺産目的のためPが勝手に婚姻届を出したものだったというようなケース。

　このような場合、Xのほかの相続人（例えば、Xと前の配偶者Eとの間の子A）がいればXとPの婚姻は無効だと争うことが考えられます（Pの存在は、Aの相続分にも大きく影響するためです）。そして、婚姻の無効が認められれば、Pは相続人ではなかったことになります。

　同様のことは、養子縁組の効力（縁組時の判断能力が問題となります）や、親子関係の有無（DNA鑑定などが問題となります）が問題となって争われるケースでも生じます。いずれも、相続人の範囲に直結する問題で、性質上、相続争いの中でも最も激烈な争いとなりうるものです。

　このような場合、「相続人」に過不足のない有効な遺産分割協議をするためには、遺産分割協議に先立って、訴訟などで白黒をつけておく必要があります。遺産分割協議に参加する資格があるか、まず決着をつけるという意味でこのような訴訟を「前提訴訟」と呼んでいます。

■ **前提訴訟**
　　遺産分割に先立ち、その前提として

　　　相続人の範囲を訴訟で確定

　　　遺産の範囲を訴訟で確定

第 2 章 相続人の基礎知識

■ 婚姻無効の場合

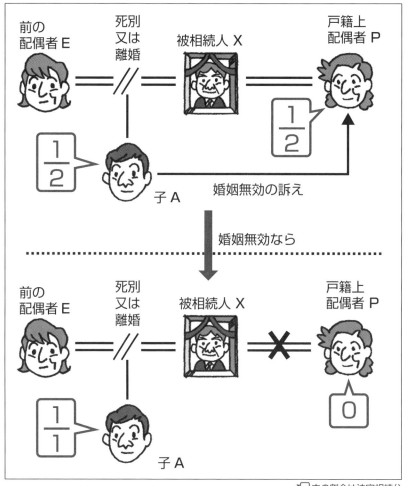

◁ 内の割合は法定相続分

> **まとめ**
> 相続手続のはじめに被相続人の出生から死亡までの連続する戸籍を取得して「相続人」を確認しておくべきです。しかし、戸籍のみでは全ての「相続人」を確認できない場合があります。その場合、遺産分割に参加した「相続人」の過不足により遺産分割協議が無効となることを防ぐため、先に訴訟などで「相続人」を確定させる必要があります。

ポイント13 親が死亡しているとき、その子が「代襲相続人」となる場合がある

◆代襲相続とは

　被相続人の子が、相続の開始以前に亡くなったとき、または推定相続人から廃除されたり、相続人の欠格事由にあたり相続権を失ったとき ポイント15 P58 は、その者の子（被相続人の孫）がこれを代襲して相続人となります。このことを代襲相続といいます。

　被相続人の子の子（被相続人の孫）も既に亡くなっている（または、廃除、欠格）場合は、被相続人の孫の子（被相続人のひ孫）がこれを代襲します。これを「再代襲」といいます。このように、直系卑属（子、孫、ひ孫など直接血のつながっている自分より下の世代）が代襲をする場合は、下へ下へと代襲していくことになります。

　また、被相続人に親や子がいない場合は、兄弟姉妹が相続人になりますが、その兄弟姉妹が既に亡くなっている（または、廃除、欠格）場合は、その兄弟姉妹の子（被相続人の甥や姪）がこれを代襲して相続人となります。ただし、直系卑属が代襲をする場合と異なり、代襲できるのは甥・姪までで、それより下は代襲しません（再代襲はありません）。

◆相続放棄に代襲相続なし

　代襲相続が発生するのは、死亡、廃除、欠格の場合です。したがって、相続人が相続放棄をした場合は、これに含まれず、代襲相続は発生しません。例えば、被相続人が亡くなったが、多額の借金を抱えていたため、相続人が相続放棄をしたという場合に（相続放棄をすると初めから相続人ではなかったと扱われます）、自分の子に相続権が移ってしまい（代襲相続が発生する）多額の借金を負うことになる心配はありません。

第2章 相続人の基礎知識

◆代襲相続した場合の相続分

代襲相続人の相続分は、被代襲者（代襲された者）の相続分と同じになります。

■ 代襲相続・再代襲の具体例

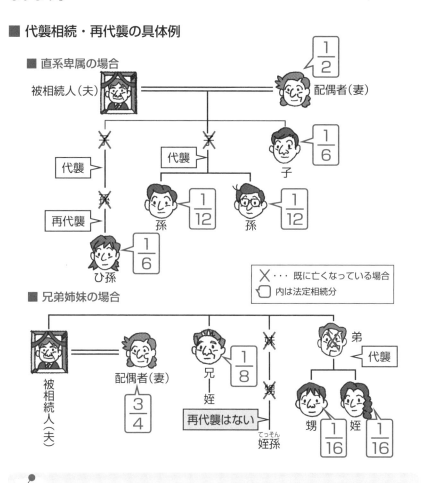

まとめ

被相続人に相続が発生した時、相続人が既に亡くなっていた場合、その相続人の子が相続人の地位を代襲します。相続人が直系卑属の場合は孫、ひ孫と代襲していきますが、相続人が兄弟姉妹の場合は代襲するのは甥・姪までです。代襲相続は、死亡以外に廃除や欠格の場合にも起こりますが、相続放棄の場合は起こりません。

法定相続人がいない場合の財産は国庫に帰属する。特別縁故者制度もある

◆法定相続人の存否不明の場合の手続の流れ

被相続人が亡くなったけれども、相続人の存否が不明である場合、家庭裁判所は、利害関係人または検察官の請求により、相続財産管理人を選任し、その旨を公告します。

相続財産管理人は、相続財産の保存・管理を行いますが、この公告から2か月以内に相続人のいることが明らかにならなかったときは、すべての相続債権者および受遺者に対し、一定の期間（2か月以上）内にその請求の申し出をすべき旨を公告します。

その期間が満了してもなお相続人のあることが明らかでないときは、家庭裁判所は、相続財産管理人または検察官の請求によって、相続人があるならば一定の期間（6か月以上）内にその権利の主張をすべき旨を公告します。

この公告期間を経過しても相続人が現れなければ、相続人の不存在が確定します。

◆特別縁故者

相続人の不存在が確定したときに注目されるのが、特別縁故者という存在です。

特別縁故者とは、被相続人と生計を同じくしていた者、被相続人の療養看護に努めた者、そのほか被相続人と特別の縁故があった者をいいます。例えば、内縁の配偶者や事実上の養子、被相続人の療育看護に特に尽力した親族・知人などが挙げられます。

相続人不存在が確定した場合、特別縁故者は家庭裁判所に請求し、認められることによって、清算後残存している相続財産の全部または一部

第2章 相続人の基礎知識

を取得することができます。

この請求は、相続人の不存在が確定した期間満了後3か月以内にしなければなりません。

◆残余財産の国庫への帰属

すべての処理が終わり、それでも処分されずに残った相続財産は、国庫に帰属します。すなわち、国の所有となります。

■ 相続人の存否が不明の場合

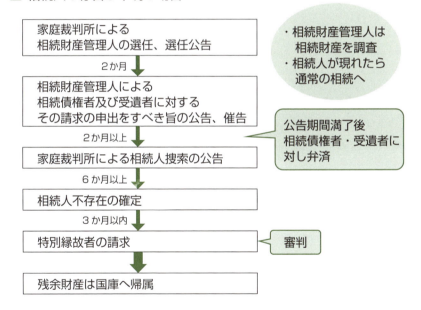

> **まとめ**
> 法定相続人がいない場合には、家庭裁判所が相続財産管理人を選任し、相続人捜索や相続財産の管理・清算が行われます。相続人の不存在が確定すると、特別縁故者は3か月以内に家庭裁判所に請求し認められることで、清算後残存している相続財産の全部または一部を取得することができます。残余財産は、国庫に帰属します。

江さんのQ&Aでわかる 気になる相続のお話 ❶

内縁の妻は、主人の家から出て行かないといけませんか？

――相談者47歳（女性）のケース

● 相続はできないが、住んでいる家に居住はできる

Q 主人とはすでに同棲して8年になりますが、私たちの主義により入籍はしていません。子どももいません。このたび、主人が突然の交通事故で死亡しました。私は主人の遺産（土地建物）を相続できるのでしょうか。

A 残念ですが、相続はできません。実質的には夫婦と同じ生活をしていても（このような関係を"内縁関係"といいます）、結婚届を出しているかどうかで大きな違いが生じます。不公平と思われるかもしれませんが、現在の法律では、相続に関しては戸籍上の入籍の有無を重視しているわけです。

Q 今、主人所有の土地建物に私は居住しているのですが、ここも出て行かなくてはならないのでしょうか。

A その必要はありません。裁判所は、あなたのような内縁の妻について、相続はできないが、今まで住んできた家屋に居住することはできることを認めています。

● 内縁関係でも権利を主張できる場合がある

Q そのほか、財産上、私が取得できる物は何かないでしょうか。

A もし、ご主人に相続人がいない場合(すなわち、ご主人の両親がすでに死亡しており、ご主人に兄弟がいない場合)には、家庭裁判所に申し立てることにより、「特別縁故者」として、ご主人の遺産の全部または一部の分与を受けることができます。

また、交通事故の加害者に対し、あなた自身が、損害賠償請求することができます。すなわち、あなたが受けた精神的ショックは、法律上の妻とほとんど変わりませんので、精神的な損害につき慰謝料請求ができますし、あなたが内縁の夫に養ってもらっていたときには、夫からの扶養請求権を交通事故により奪われたことになりますので、これを財産的損害として賠償請求できるのです。

以上のように、内縁の妻にも、一定の法的保護が与えられているのです。

法定相続人でも相続人になれない場合がある

　法定相続人であったとしても、相続人の欠格事由にあたる場合や、推定相続人から廃除された場合は、推定相続人（相続開始により相続人になると推定される人）は相続人にはなれません。

◆**相続人の欠格事由**
相続人の欠格事由には以下のものがあります。

①故意に被相続人または相続について先順位もしくは同順位にある者を死亡するに至らせ、または至らせようとしたために、刑に処せられた者。
②被相続人の殺害されたことを知って、これを告発せず、または告訴しなかった者。ただし、その者に是非の弁別がないとき、または殺害者が自己の配偶者もしくは直系血族（祖父母、両親、子、孫など直接血のつながっている自分の上下の世代）であったときは、この限りでない。
③詐欺または強迫によって、被相続人が相続に関する遺言をし、撤回し、取り消し、または変更することを妨げた者。
④詐欺または強迫によって、被相続人に相続に関する遺言をさせ、撤回させ、取り消させ、または変更させた者。
⑤相続に関する被相続人の遺言書を偽造し、変造し、破棄し、または隠匿した者。

　これらの欠格事由がある場合、法定相続人は、相続人になることができなくなります。

■ 欠格のイメージ

◆推定相続人の廃除

　相続人の欠格事由がない場合でも、遺留分を有する推定相続人に以下の事情がある場合、被相続人は、その推定相続人の廃除を家庭裁判所に請求することができます（廃除は、欠格事由にあたる場合と異なり、家庭裁判所の手続を経る必要があります）。

　①被相続人に対して虐待をし、もしくはこれに重大な侮辱を加えたとき。
　②推定相続人にそのほかの著しい非行があったとき。

　②の「著しい非行」には、パチンコ等の浪費によって負った多額の借金を被相続人に支払わせたことや被相続人（妻）のもとを去って長年愛人と生活してきたこと（夫）、被相続人に対して犯罪行為を行ったことなどが該当します。

　また、被相続人は、遺言で廃除の意思表示をすることもできます。こ

の場合は、遺言執行者が家庭裁判所へ申立をします。

廃除された推定相続人は、相続資格を失います。

なお、廃除の対象は、遺留分 ポイント34 P131 を有する推定相続人に限られます。遺留分を有さない推定相続人については、わざわざ廃除の請求をしなくても、被相続人が遺言や生前贈与をすることにより、相続財産をその推定相続人に渡らせないことができるからです。

また、被相続人は、家庭裁判所への申立、または遺言により廃除の取消をすることもできます。

■ 廃除のイメージ

> まとめ
>
> 法定相続人であっても、欠格事由にあたれば相続資格を失います。また、被相続人が、推定相続人の廃除を家庭裁判所に請求し認められた場合や、遺言にて廃除の意思表示をして遺言執行者が家庭裁判所に請求し認められた場合も、相続資格を失います。なお、廃除を取り消すことはできます。

夫が亡くなりました。同居している義母に出て行ってもらうことはできますか？

知っ得！弁護士コラム 3

■子ども2人と義母が同居のケース

　夫名義の自宅に夫、子ども2人、そして義母と同居していましたが、その後に夫が亡くなった場合、同居していた義母に別居を求めることはできるでしょうか。また、義母に対して妻は扶養義務を負うのでしょうか。

　まず、自宅の所有権について検討し、別居を請求できるかについて考えてみましょう。

　遺言がなく、お子さん2人との遺産分割協議を終えていないのであれば、夫の死亡により家は相談者とお子さん2人による共有の遺産となっていると思います。かたや義母は相続人ではなく、家については家の所有権や共有持分はないでしょう。

　しかし、ご主人が亡くなるなり、妻がその家に住んでいるお義母さんを追い出せるというのはお義母さんにとってかなり酷な話です。家族間のことですので法的に突き詰めて考えにくいこともありますが、仮に裁判となったら、居住の継続を認める何らかの合意の存在が認められたり、退去を求めることが権利の濫用と評価されることが予想されます。義母が、同居に堪えない行動を妻に対して尋常ではないレベルで行っているような事情でもあれば別かもしれませんが、基本的に法的に義母を追い出すというのは難しいのではないかと思います。

■扶養義務と親族関係

次に、親族関係についての知識を確認してみましょう。

民法は3親等内の姻族（婚姻によってできた親戚）も親族と定めています。夫が死亡しただけでは姻族関係は終了しませんので「嫁」と「姑」は引き続き民法上の親族関係にあることになります。

「扶養義務」は直系血族及び兄弟姉妹が負担するのが原則です。そこで夫に兄弟姉妹がいた場合には一次的にはその兄弟姉妹が義母に対する「扶養義務」を負うと思います。ただし、夫の兄弟姉妹が生活に困窮しており、他方で妻が非常に裕福であるなどといった事情があれば、嫁姑間といった3親等内の姻族においても「扶養義務」が発生することは考えられます。

ただし、姻族関係については配偶者が亡くなった後に届出を行うことにより終了させることが出来ます。この届出を行えば民法上の親族ではなくなるので「扶養義務」を免れることができます。

（弁護士　加藤　泰）

江さんのQ&Aでわかる 気になる相続のお話 ❷

放蕩息子に相続させたくないのですが……

——相談者 76 歳(男性)のケース

● 相続権をはく奪する「廃除」という制度

Q 私の放蕩(ほうとう)息子への相続のことで、相談に来ました。息子は、大学に入ってから遊びを覚え、賭け事や女遊びをし、借金を作っては私に支払わせ、大学中退後も就職もせずにブラブラして、親への無心を繰り返しています。ほかの子どもたちは特に問題がないのですが、この放蕩息子には相続させたくないと思っています。

相続人には血がつながっているというだけで、一定部分を取得できる「遺留分」という制度があるので、遺言で相続させないようにすることは無理と聞いたことがあります。何か、いい方法はないでしょうか。

A 遺留分については、おっしゃるとおりですが、遺留分制度と本件のような場合を調整する制度として、「廃除(はいじょ)」という制度があります。

被相続人(本件では、あなたがこれに当たります)からみて、その者(推定相続人)に相続させたくないと考えるような非行があり、かつ、被相続人がその者に相続させることを望まない場合に、被相続人の請求に基づいて、家庭裁判所が審判によって、その者の相続権をはく奪する制度です。この利用をお勧めします。

廃除に該当する事情とは

Q 廃除が認められるためには、どのような事情があればいいのでしょうか。

A 一つは、被相続人に対する虐待または重大な侮辱です。例えば、親をいつも「バカオヤジ」とののしり、時にはえり首をつかまえて引きずり回すような態度です。これは、虐待・侮辱に該当します。

あるいは、その他の著しい非行です。この「著しい非行」は必ずしも、被相続人に対するものであることを要しません。ご相談のような場合も、該当する可能性があります。

こうした廃除理由に該当するか否かにつき、家庭裁判所は、虐待・侮辱・非行の程度、家庭の状況、被相続人側の責任の有無、その他一切の事情を考慮して、決定します。

第3章

相続財産（遺産）の基礎知識

慰謝料請求権は相続財産だが、生命保険金は違う

◆慰謝料請求などの損害賠償請求権について

　被相続人が不法行為の被害に遭った場合に取得した慰謝料請求権や、債務不履行などに基づいて取得した損害賠償請求権などについては、金銭債権(相続財産)として相続の対象になります。ただし、金銭債権は可分債権(分割が可能な債権)ですから、遺産分割協議を待つまでもなく、法定相続分に従って相続人に分割されることになります。

◆生命保険金は遺産分割の対象になるか

　被相続人である夫が、自身が死亡した場合に備えて、相続人のうち誰か特定の者(例えば妻など)を生命保険の保険金受取人と定めていたような典型的なケースを想定してみましょう。

　このケースにおいて、受取人として指定された妻は固有の権利として保険金請求権を取得しますので、保険金は相続財産ではなく、遺産分割の対象になることはありません。他方で、被相続人が、保険金受取人を特に指定していなかったケースにおいては、保険約款や保険法などの法律に従って判断されることになります。

　また、保険金受取人を被相続人本人と指定していた場合は、保険金が相続財産になり、遺産分割の対象となります。

◆受け取る保険金の額が不公平に多額な場合

　このように保険金の受取人を特定の相続人に指定している典型的なケースにおいては、保険金は遺産分割の対象にならないのが原則です。

　ただ、保険金受取人である相続人が受け取った保険金の額が、遺産全体の総額に対してあまりに多額であり、被相続人との生前の関係など

第3章 相続財産（遺産）の基礎知識

に照らしても他の相続人との間であまりに不公平と言えるような場合には、生命保険金を受け取ったことが特別受益 ポイント 24 P88 に該当することもあります。

特別受益に該当するような例外的なケースにおいては、生命保険金の価値の一部を相続財産に加算した上で、相続人間で遺産分割が行われることになります。

このような例外的ケースにおいて、生命保険金をもらえなかったほかの相続人に対する不公平を是正するための措置というべきものです。

◆相続税課税との関係

生命保険金は、受給者固有の権利として遺産分割の対象にならない場合でも、税法上は「みなし相続財産」として課税の対象になりますので注意が必要です。

■ 生命保険金と相続財産の関係

受取人を相続人と指定したケース
➡ 当該相続人の固有財産となる
　　ただし、あまりに多額の場合には特別受益に該当

受取人を指定しなかったケース
➡ 保険約款及び法律の規定に従うことになる

受取人を被相続人本人としていたケース
➡ 相続財産となる

> **まとめ**
> 被相続人が自身を被保険者として生命保険を掛けていた場合において、保険金の受取人を妻や子などに指定しているような典型的なケースにおいて、保険金が遺産分割の対象になることは原則ありません。
> ただ、ほかの相続人との関係であまりに不公平といえるような場合には特別受益に該当する場合があります。

江さんのQ&Aでわかる 気になる相続のお話 ❸

相続放棄しても生命保険金を受け取れますか？

——相談者43歳（男性）のケース

● 生命保険金は、受取人の固有の権利

Q 私の父は、父の友人からの5000万円くらいの借金を残して死亡しました。資産もありませんでした。そういうことで、相続放棄の手続をして借金の相続から逃れようと思っていたところ、私を受取人とする生命保険金3000万円があることが判明しました。私が相続放棄の手続をすると、この生命保険金も受け取ることができないのでしょうか。

A あなたもご承知のように、相続放棄とは、被相続人（死亡した人）の相続財産のすべて、すなわちプラス財産も、マイナス財産も放棄することです。あなたは、その生命保険金が相続財産のうちのプラス財産に該当するのではないかと疑問に思っているのですね。

Q はい。

A 結論から言いますと、あなたが父親の借金を理由に相続放棄の手続をしても、あなたは父親が契約している生命保険金を受け取ることがで

きます。

　なぜなら、生命保険金は、死亡した人が生前に契約して保険料を払っているものではありますが、それは遺族の生活を保障し、あるいは精神的に慰謝をなすものといえ、相続財産ではなく、受け取り人の固有の権利だからです。

Q 父にお金を貸していた父の友人は、私に対して「3000万円も保険金が入るのだから自分が貸したお金の半分くらいはそこから返してくれ。それが人の道ではないか」と言って、借金の返済を私に強く要求しています。私は、いったいどうすればよいのでしょうか。

A 先ほども申し上げましたように、生命保険金はあなたの権利であり、財産です。ですから、あなたが、借金について相続放棄の手続をしていれば、父親の友人に対して生命保険金から借金返済を行う法的義務はありません。あとは、父の友人に対し、借金をいくらかでも返すかどうかは、あなたの自由な判断ということになります。

相続放棄しても死亡退職金や遺族給付も受け取れる

Q それでは、父の死亡退職金や遺族給付金は受け取ることができるのでしょうか。

A これらも、生命保険と同様に生存者のためのものと考えられ、相続財産には入りません。ですから、あなたが父親の借金について相続放棄をしても、死亡退職金や遺族給付を受け取ることはできます。

江さんのQ&Aでわかる 気になる相続のお話 ❹

生命保険金は遺産分割の対象となりますか？

――相談者 57 歳（女性）のケース

● みなし相続財産とは？

Q 父が死亡し、受取人である母に 2000 万円の生命保険金が支払われましたが、遺産分割協議に当たり、これを、父の遺産の中に含めて計算してもいいのでしょうか。

A 生命保険金は、受取人が指定されている場合には、その受取人が固有の権利として保険金請求権を行使し取得できるものですから、遺産の範囲には入りません。したがって、受取人が相続人以外の第三者である場合には、遺産分割に当たって、第三者に支払われた生命保険金を考慮することは困難です。

しかし、本件のように受取人が相続人の一人である場合には少し事情が異なります。

Q どういうことでしょうか。

A 遺産分割に当たっては、被相続人から特別な利益を受けた人（これを「特別受益者」という）は、その特別な利益を"みなし相続財産"として持ち戻して計算することになりますが、この生命保険金についても、そのようなものとする考え方もあります。一般的には、相続人が取得した保険金が遺産全体の総額に対してあまりに多額で、被相続人との

生前の関係などに照らしても他の相続人との間であまりに不公平といえる場合は、特別受益として持ち戻して計算されることになります。

● 払込保険料は相続税の対象

Q 生命保険金が遺産の範囲に入らないのなら、相続税もかからないのでしょうか。

A 民法上は、遺産とならないのですが、課税の公平を保持するため、相続法により、保険金のうち、被相続人が負担した払込保険料に対応する部分については、相続財産とみなされ、相続税の対象となりますのでご注意ください。

なお、相続人が取得した保険金は、相続人1人当たり500万まで（相続人が4人いれば2000万まで）は、非課税となります。

ポイント17 相続財産が一部の相続人に使い込まれていることがある

◆使い込まれるケースとは

　相続人の一人が無断で、被相続人の生前に、被相続人名義の預貯金からお金を引き出していることが被相続人の死亡後に判明し、相続人間でトラブルになることがあります。

　高齢の母親と同居中の長男が母親名義の預貯金を母親の許可無く長年にわたって無断で引き出し、自身のために費消したため、相続財産が減少していたケースなどが典型例です。

　このような事実が、母親の死亡後に発覚した場合、相続人の一人である二男はどのような対応を取ればいいのでしょうか。

　まず、上記のケースにおいて、母親の財産を自身のために費消した長男の行為は、母親に対する不法行為に該当します。ですから、母親は長男に対して不法行為に基づく損害賠償請求権を有していたことになります。

　この母親が長男に対して有していた損害賠償請求権を、二男は法定相続分に応じて取得することになります。二男としては損害賠償請求権を相続したことになりますから、二男は長男に対して損害賠償請求権を有していることになり、場合によっては裁判でその請求権を主張することができます。

◆証拠の取得がポイント

　理屈の上では上記の通りですが、実際には無断引き出し行為の事実や長男による費消行為の事実を裏付ける証拠を確保することは難しいこともあります。

　長男としてはそのような引き出し行為を否定するかもしれません。

第3章 相続財産（遺産）の基礎知識

また引き出したことは認めても、母親に頼まれて行ったにすぎないと主張するかもしれませんし、母親のために使用したと主張するかもしれません。

長男による無断引き出しが疑われたとしても、母親と同居していた長男による長年の無断引き出しの事実を裁判で立証するためには、該当する母親名義の預貯金通帳の入出金履歴を取り寄せ、引き出された時期や金額、当時の母親の家計の収支状況などを綿密に立証する必要があります。ひとりで悩まず弁護士にアドバイスを求めることが肝要です。

■ 使い込まれるケース

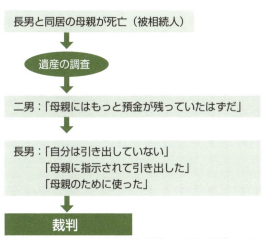

> **まとめ**
> 相続財産の一部相続人による無断引き出しは、往々にして両親が高齢となり心身の衰えが見られる場合に同居している家族によって行われることが多いです。トラブルになる前に家族が相談の上、成年後見などの申立などを行い、家庭裁判所の監督のもとで財産を管理してもらえるようにすることも大切です。

73

第4章

遺産分割の手続

ポイント18 相続人全員が合意できれば、相続財産をどのようにも分割できる

◆遺産分割協議とは

　被相続人が死亡し、被相続人に財産が残されていた場合、相続人間でどの遺産を誰が相続するのかについて話し合いを行う必要が生じます。

　遺産として自宅土地建物・銀行の預貯金・現金などが残されていた場合に、これらの遺産を相続人である妻・長女・長男でどのように配分するのかについての話し合いをして遺産を分けることになります。この話し合いのことを「遺産分割協議」といいます。

◆遺言に反する分割はできるか

　被相続人である父が、生前経営していた会社の株式を全て長男に相続させる遺言を残して死亡したとします。遺産は株式のみです。

　母はすでに他界しており相続人は長男と二男だけですが、長男には会社を経営する意思は全くなく、むしろ二男は会社を経営する意思を有していたというケースを想定しましょう。

　この場合に、長男と二男の話し合いで二男が株式を全て取得するという内容で遺産分割協議を成立させることは、父が残した遺言の内容に反することになってしまいます。しかしこの分割協議は有効です。

　すなわち、相続人全員が合意しているなら、遺言に反する遺産分割協議も有効に成立します。このように遺産分割においては、残された相続人全員の意思を、法は何よりも尊重しているといえます。

◆法定相続分に反する分割はできるか

　また、上記のケースにおいては、長男の法定相続分は2分の1、二男の法定相続分も同様に2分の1です。上記のようにすべての遺産を二男

が相続するという遺産分割協議の合意をした場合、長男の法定相続分に反する分け方になってしまいますが、そのような合意も有効です。

法定相続分は、あくまで遺産分割協議で争いが生じた場合に備えて、法が分け方の基準を示したものにすぎません。言い換えれば裁判所が最終的な判断を下す際の判断基準にすぎないともいえます。

相続人全員の合意があるなら法定相続分に反する合意も当然有効なのです。

◆結局、効力の強さの順は

これまで述べたとおり、遺言や法定相続分に反する分割合意が尊重される以上、結局は遺産分割協議において、相続人全ての合意が最も尊重されているということになります。

次に、遺言と法定相続分との関係においては、法定相続分に反する遺言も有効ですから、遺言が法定相続分より尊重されるといえます。

なお、遺言においては、遺留分 ポイント 34 P131 という制度に注意が必要です。

■ 効力の強さの順

相続人全員の合意 ＞ 遺言 ＞ 法定相続分

※ただし、遺留分 ポイント 34 P131 を主張する相続人がいる場合
　遺留分 ＞ 遺言 ＞ 法定相続分

まとめ　遺産分割協議において、相続人全員の合意があればどのような協議内容になったとしても遺産分割は有効に成立します。たとえ遺言の内容や法定相続分に反するものであっても、相続人全員の合意があれば、法的に全く問題ありません。

ポイント19 分割の仕方には、現物分割、換価分割、代償分割の3つがある

　遺産の分割の仕方には、現物分割、換価分割、代償分割の3つがあります。

◆①現物分割

　相続財産そのものを、その形を変えないで分けます。土地なら土地、お金ならお金のまま分けます。土地とお金を誰かが土地、ほかの人がお金、という分け方もこれです。ただし、土地のみを現物分割すると、一筆（筆とは土地を数える時の単位）が小さくなりすぎて、使い道が無くなり、価値も目減りすることがあります。

◆②換価分割

　相続財産を分けやすいお金に換えて分けます。不動産を換価分割するとは、その不動産を売って得たお金を分けることです。ただし、相続が発生してから急いで売ろうとすると、安くしか売れないこともあれば、買い手がつかず換価できないこともあります。

◆③代償分割

　相続人の内の誰かが、その人の相続分を超える財産を相続した場合、本来の相続分を超えた金額をほかの相続人にお金で払う分け方です。特定の誰かが不動産を相続した場合によく使われる方法ですが、不動産を相続した人は相応のお金を用意する必要があります。

◆もう一つの分割方法

　なお、「共有分割」というものもあります。相続財産を相続人間で共有のままにしておく比較的簡単な分割です。ただし、不動産を売却する場合、共有者全員の同意が必要であり、意見が割れてしまうと何もできないということになるので注意が必要です。遺産分割協議未了の不動産

は、所有権が共有状態となっていますのでご注意ください。

■ 現物分割

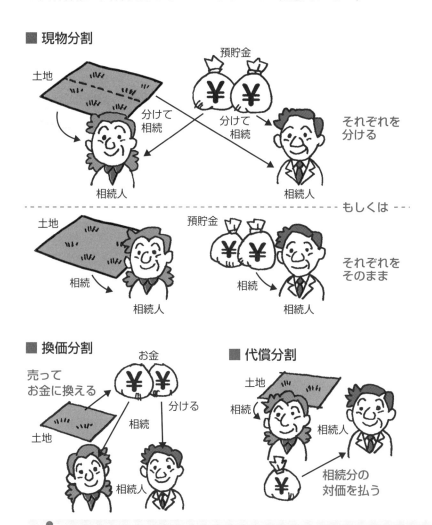

■ 換価分割

■ 代償分割

> **まとめ**
>
> 遺産の分割の仕方には、相続財産の形を変えないで分ける現物分割、相続財産を換金して分ける換価分割、相続分を超える財産を相続した相続人が超過分をほかの相続人にお金で支払う代償分割の3つがあります。

債務（借金など）は債権者との関係では当然分割される

◆債権者は各相続人に対し、各法定相続分に応じた割合の借金を返還せよと請求できる

　遺産には、預貯金や不動産などのプラスの財産だけでなく、マイナスの財産、すなわち借金などの債務が含まれる場合もあります。この債務も、預貯金などのプラスの財産と同じく、相続人間でどの相続人がどれくらいの割合で債務を負担するのか、協議して決めることが可能です。

　ただし、これは、相続人の間だけで約束するものとしては有効ですが、債権者にまで効力が及ぶものではありません。債権者との関係では、債務は各相続人が各法定相続分に応じた割合のものを、それぞれ承継するという扱いがなされます。

　例えば、相続人として妻と子2人がいる場合で、1000万円の借金が遺産に含まれていたとしましょう。妻が預貯金などの遺産の大半を取得する代わりに、この借金1000万円を全額負担するという内容の遺産分割協議がなされたとします。こうした協議は、妻と子2人の間においては有効となります。

　しかし、債権者にはこの分割協議の効力は及びません。債権者は、上記協議の内容に拘束されることなく、相続人それぞれに対して、各法定相続分に応じた割合の借金を返せと請求することができます。

　つまり、上記の例では、債権者は妻に対して500万円、子2人に対してそれぞれ250万円ずつの借金を返済せよと請求できます。遺産分割協議の中で、妻が借金を全額負担すると子2人に約束した以上、妻は、子2人との関係では同人らが承継する借金も責任をもって返さなくてはなりませんが、これはあくまで内々（相続人間での）の話ということになります。

◆保証債務について

被相続人が保証人になり、保証債務を負担していた場合も、上記の例と同様の結論となります。すなわち、各相続人は、この保証債務を各法定相続分に応じて当然承継し、主債務者が支払えない場合などは、同相続分に応じて債務を保証しなければなりません。

なお、極度額を設定したいわゆる根保証債務（一定の金額を保証するものでなく、継続的な取引などにおいてその取引から発生する債務を、定められた限度額まで保証するというもの）は、被相続人が死亡した時点で元本が確定します。被相続人が死亡した後も発生する債務を、限度額いっぱいまで相続しなければならないという結論にはなりません。

■ 借金は債権者との関係では当然分割される

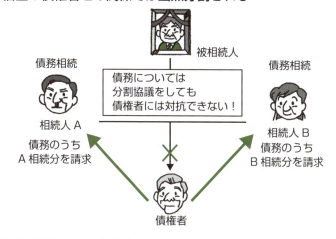

> **まとめ**
>
> 被相続人の債務は、法定相続分に応じて、相続人がそれぞれ承継をします（保証人になっていることで生じる保証債務も同様です）。相続人間で、債務をどの相続人がどの程度負担するのかということを協議することは可能ですが、この協議の効力は、債権者にまで及ぶものではありません。

ポイント21 遺産分割協議が無効などになる場合がある

　遺産分割についての協議が終了したとしても、後日、下記のような事情が発生した場合は、同遺産分割協議が無効、あるいは取消となる場合があるので注意が必要です。

◆共同相続人が一部除外されて遺産分割協議がなされた場合

　遺産分割協議は、共同相続人全員の意思が合致して初めて成立するものです。そのため、一部の相続人を除外してなされた遺産分割協議は無効となります。例えば、被相続人が死亡した時点で被相続人が認知をした隠し子がいて、この隠し子の同意を得ずに遺産分割協議をしてしまったような場合が例として挙げられるでしょう。

◆遺産の一部を見落として遺産分割協議がなされた場合

　遺産とすべき財産の中に一部見落としがあって、これを含めた上で合意がなされなければ遺産分割協議として不十分であると評価されるような場合、協議が無効とされる場合があります。

　もっとも、遺産全体から見て、見落とした財産がわずかなものであるような場合は、遺産分割協議を無効とはせず、この見落とした財産の分割についてのみ再度協議するという方が妥当な結論でしょう。

◆錯誤

　錯誤があって遺産分割協議が成立した場合、遺産分割協議は無効になる可能性があります。錯誤とは、要は勘違いのことです。

　想定されるケースとしては、遺言書が残されていたにもかかわらず、相続人がこれを知らず、遺産分割の協議をしてしまったような場合が挙

げられます。ただし、このような場合に全て遺産分割協議が無効となるわけではありません。遺言の内容と遺産分割協議の内容がどの程度違うのか、そのほかもろもろの事情を考慮して、遺言の存在とその内容を知っていれば遺産分割協議に合意しなかったといえるような場合に、遺産分割協議が無効と判断される余地が出てくるでしょう。

◆詐欺、強迫

　詐欺、強迫があって遺産分割協議が成立した場合、遺産分割協議を取り消し得る場合があります。詐欺は、被相続人の財産を管理していた一人の相続人が、遺産を過少申告するなどして、遺産分割を成立させた場合が例として挙げられるでしょう。強迫は、脅して無理やり望まない遺産分割協議で合意させた場合を例として挙げることができます。

■ 遺産分割協議が無効・取消になる場合

無効・取消となる場合	ケース
共同相続人が一部除外されて協議をしたとき	被相続人が認知した隠し子がいたようなケース
遺産の一部を見落として遺産分割協議がなされた場合	財産的価値が比較的高い遺産を見落として協議したケース
錯誤	分割協議後、遺言書が発見されたようなケース
詐欺、強迫	欺かれる、脅かされる等して分割協議が成立したようなケース

> **まとめ**
> 　遺産分割協議が終了したとしても、後日、これが無効あるいは取り消される場合があります。例としては、共同相続人が一部除外されて遺産分割協議がなされた場合、遺産の一部を見落として遺産分割協議がなされた場合、錯誤があった場合、詐欺、強迫をされた場合などが挙げられます。

相続人間で話がつかない場合は、家庭裁判所の調停・審判の手続で解決を図る

　遺産の分割について、相続人間で話し合いを重ねても、どうしても遺産分割協議が成立しないということは、それほど珍しくはありません。このような事態が生じた場合、解決を望む相続人は、ほかの共同相続人全員を相手方として家庭裁判所に遺産分割調停・遺産分割審判を申し立て、解決を図っていくことになります。

◆遺産分割調停とは

　遺産分割調停とは、簡単にいえば、家庭裁判所を利用して、相続人間で遺産分割の話し合いをするという手続です。裁判官である家事審判官、調停委員2人以上で構成される調停委員会に話し合いの仲立ちをしてもらえるという点が特徴です。調停委員会は、相続人全員から事情や意見を聴き、必要資料の提出などを促す、あるいは相続人全員が納得いく解決ができるよう提案をするなどして話し合いを進め、調停の成立を目指します。

◆遺産分割審判とは

　もっとも、いくら調停委員会に仲介をしてもらえるといっても、調停はあくまで話し合いにしか過ぎません。そのため、調停委員会が解決を図ることに尽力したとしても、相続人の一人が納得しないために分割協議が合意に至らない場合、調停は不成立となってしまいます。
　このように遺産分割調停が不成立で終了した場合、自動的に審判手続が開始されます。この審判手続とは、家事審判官が、どのように遺産分割をするのか、強制的に決めてしまう手続です。たとえ同意しない相続人がいても、家事審判官が決定した遺産分割方法などに基づいて、分割

が実施されることになります。

この審判の結果にもし不満があれば、高等裁判所に不服を申し立てることができます。この高等裁判所が下す判断になおも不満があるような場合は、最高裁判所に再度不服を申し立てることが可能です。

◆調停と審判の関係

法的には、遺産分割調停手続を経ずに、いきなり遺産分割審判を申し立てることも可能です。ただし、調停を経ずに審判の申立がなされた場合、裁判所は、その申立を、審判の前に調停手続に付すことができます。実務では、特別の事情がないような場合は、いきなり申し立てられた審判手続は、一度調停手続に付すという措置をとることが一般的です。

■ 遺産分割調停・審判の手続

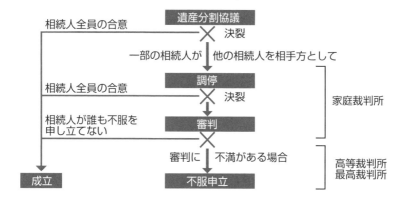

まとめ

相続人間で話し合いを重ねても遺産分割協議が成立しない場合、解決を望む相続人は、ほかの相続人全員を相手方として、家庭裁判所に遺産分割調停、遺産分割審判を申し立て、解決を図ることになります。調停の申立を経ずに審判を申し立てることも可能ですが、そうした申立は一度、調停手続に付されることが多いでしょう。

裁判所が判断する「遺産分割の基準」がある

◆遺産分割の基準

　遺産分割は、相続人間において協議して、具体的な分割方法について自由に決めることができるのが原則です。

　しかし、相続人にはそれぞれの事情があり、なかなか意見がまとまらないこともあります。そこで、遺産分割は、①遺産に属する物または権利の種類および性質（遺産に関する事情）、②各相続人の年齢、職業、心身の状態および生活の状況（相続人に関する事情）、③そのほか一切の事情を考慮して行うとされています。これが裁判所の判断の基準となります。

　ただし、こうした事情を考慮すると言っても、法定相続分を超えて遺産を相続させるということではありません。

◆どんな事情が遺産分割の基準となるのか

　①遺産に関する事情

　遺産には、現金、預貯金、不動産、株式などさまざまなものが含まれるので、遺産の種類や性質を考慮します。

　②相続人に関する事情

　「年齢」は年少者などについて、「心身の状態」は心身障害者などについて、「生活の状況」は経済的に困っている者について、これらの相続人を保護するという観点から分割方法を考えるということです。「職業」は家業を承継する相続人に農地や営業用資産などを取得させるのが適切だということです。

　③そのほか一切の事情

　個別具体的に判断することになるので、さまざまな事情が含まれます。

第4章 遺産分割の手続

遺産の利用状況（例：特定の相続人が、被相続人から許可を得て相続開始前から居住用不動産を使用していた場合、その相続人に取得させる）、取得者の意向（例：相続人の１人が特定の財産の取得を希望し、ほかに異議を述べる相続人がいない場合、希望者に取得させる／相続人の誰も取得を希望しない不動産がある場合、分割方法として競売を選択する）、被相続人の意向（例：遺言書と認められない被相続人作成の書面を考慮する）、調停の経過（例：調停に出席した相続人間で合意が成立しており、出席しなかった相続人もその合意内容に異議がない場合、その合意を尊重する）、遺産の分割取得に伴って生じる清算金をできるだけ少額にとどめるなどの事情があります。

■ 遺産分割の基準

遺産に関する事情	相続人に関する事情	そのほか一切の事情
遺産の種類 遺産の性質	年齢 職業 心身の状況 生活の状況	遺産の利用状況 取得者の意向 被相続人の意向 調停の経過 　　　　　など

> **まとめ**
> 遺産の具体的な分割方法は相続人間で話し合い、自由に決めるのが原則ですが、合意に至らなければ、裁判所は、遺産の種類・性質、相続人の年齢・職業・心身の状態・生活状況などの事情を考慮して決定することになります。遺産分割の話し合いでは、お互いがそれぞれの相続人の事情を理解し、譲り合うことも大切です。

生前に贈与を受けていた相続人は、相続分から「特別受益」を引かれる場合がある

◆**特別受益とは**

　特定の相続人が、被相続人の遺言により財産を取得した場合（「遺贈」といいます）、あるいは生前に贈与を受けていた場合、分割の対象となる遺産を単純に法定相続分に従って分割すると、不公平になってしまいます。これを是正しようとするのが特別受益の制度です。すなわち、遺贈や贈与を受けた相続人は、その価額を相続分から差し引かれることになります（計算方法は後述）。

　ただし、遺贈や贈与が相続分より多い場合でも、超過分の返還は不要です。

◆**何が特別受益に該当するか**

　特別受益に該当するのは、以下の場合です。生前贈与は、すべてが特別受益に該当するわけではありません。被相続人の資産・収入、社会的地位など個別具体的な事情を基に判断します。

１．遺贈

　遺言により財産を取得した場合で、全てが特別受益に該当します。

２．婚姻・養子縁組のための贈与

　持参金、支度金、花嫁道具などが該当します。

３．生計の資本としての贈与

　例えば、以下のような場合が問題となります。

①不動産、住宅資金、営業資金の贈与

　特別受益に該当します。

②遺産の無償使用

　例えば、遺産である土地の上に相続人の１人が被相続人の許可を得て

建物を建て、その土地を無償で使用している場合、土地使用借権の生前贈与があったとして、特別受益に該当すると考えられます。

これに対して、被相続人の建物に無償で居住していた場合でも、被相続人と同居していたのであれば特別受益には該当しません。

③学費

大学進学費用であれば全て該当するわけではありません。兄弟のうち1人だけ進学した、私立大学医学部のように特別に高額な学費がかかった場合などに限られます。また、相続人全員が大学に進学した場合は、特別受益に該当しないと考えることになります。

④生命保険金

相続人の1人が受取人となっている生命保険金は、原則として特別受益とはなりません。ただし、保険金の受取人である相続人とほかの相続人との間に生じる不公平が著しいと考えられるときには、特別受益に準じて取り扱うことになります。

◆**具体的な計算方法**

1. 計算式

特別受益があるときの具体的な計算式は、以下のようになります。

> 特別受益者の相続額＝（相続開始時の遺産価額＋贈与の価額）×相続分
> －遺贈・贈与の価額

2. 具体例

夫Aが死亡し、妻B、長女C、二女D、長男Eが相続人です。遺産の合計額は5000万円で、Cには結婚資金として200万円の贈与、Dには住宅資金として800万円の贈与、Eには1000万円の遺贈があるとします。この場合のBCDEの具体的な相続額は、以下のようになります（単位は万円）。なお、相続分 ポイント⑪ P42

> 妻　B：(5000 ＋ 200 ＋ 800) × 1／2　　　　＝　3000
> 長女C：(5000 ＋ 200 ＋ 800) × 1／6 －　200　＝　 800
> 二女D：(5000 ＋ 200 ＋ 800) × 1／6 －　800　＝　 200
> 長男E：(5000 ＋ 200 ＋ 800) × 1／6 － 1000　＝　　 0

（次ページの図を参照）

Eへの遺贈分は5000万円に含まれているので加算しません。特別受益を考慮することにより、具体的な相続額が随分変わることが分かると思います。

◆**持戻免除の意思表示**

遺産に生前贈与分を加算することを特別受益の持ち戻しといいますが、被相続人が、遺産への加算を免除する意思表示をしていた場合、持ち戻しをしません。これを持戻免除の意思表示といいます。

第4章 遺産分割の手続

　生前贈与の持戻免除の意思表示は、明示でも黙示でも構いません。黙示の意思表示の有無は、相続分以外に遺産を相続させるだけの事情や合理的理由があるかどうかで判断します。例えば、家業の承継のため農地や営業用資産を相続させる必要がある場合、病気や心身に障害があるなどの理由から生活保障のために贈与をした場合などが考えられます。
　遺贈の場合は、遺言によってなされる必要があると考えられています。

■ 特別受益

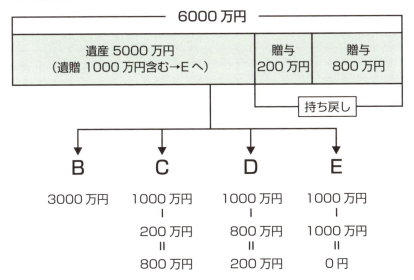

> **まとめ**
> 　生前贈与の全てが特別受益に該当するわけではなく、個別具体的な事情を基に判断します。特別受益がある場合、まず遺産の総額に特別受益の価額を加算して法定相続分を掛け、最後に特別受益の価額を差し引きます。特別受益があるとしても、被相続人に持戻免除の意思表示があると認められる場合には、持ち戻しをしません。

江さんのQ&Aでわかる 気になる相続のお話 ❺

父の生前の姉への土地贈与は、遺産分割でどうなる？

――相談者53歳（女性）のケース

● 生前の贈与は特別受益とみなされる場合がある

Q 私の父は2年前に死亡し、姉と私が遺産の相続人です。父は生前に生まれつき体が弱い姉に対し、土地Aを贈与。父の財産はそのほかに土地B、預金があり、私も姉も、法律どおり公平に分けたいと考えています。土地Aは、父の遺産に含まれますか。

A 土地Aは、すでにお姉さんに渡っているので、お父さんの遺産とはなりませんが、遺産分割をする際は、いわゆる「特別受益」として、持ち戻しをして相続分計算の中に含めます。すなわち、土地A、土地Bのそれぞれの価格と預金を合計した金額を相続財産とみなして具体的相続分を算定します。

● 相続分算定の基準時は、相続開始時

Q 土地Aは父が姉に贈与したときは1500万円でしたが、相続開始時（父死亡時）には1000万円、現在は900万円です。具体的な相続分は、いつの時点での評価を基準にして計算するのですか。ちなみに土地Bは、相続開始時1500万円、現在1350万円で、預金は相続開始時2000万円が現在利子を含めて2020万円です。

A 具体的相続分算定の基準時は、相続開始時です。ですから、父の

みなし相続財産は、土地Aの1000万円、土地Bの1500万円と預金の2000万円の合計4500万円。これを姉とあなたが半分ずつに分けるので、一人2250万円。ただ、姉は既に1000万円の土地を贈与により取得しているので、姉の取り分はあと1250万円。ですから、具体的相続分は、姉が3500万円分の1250万円、あなたが3500万円分の2250万円です。

　次に、現実に遺産を分配する段階では、その時点での評価額を基準にします。つまり土地Bの1350万円と預金2020万円との合計金額3370万円相当分を上記の具体的相続分に応じて分割します。

生前に財産の維持または増加に貢献した相続人には「寄与分」が認められる場合がある

◆寄与分とは

　寄与分とは、被相続人の財産の維持または増加に特別の寄与（通常期待される程度を越える貢献）をした相続人がいる場合、遺産から寄与分を控除して相続分を算定し、寄与相続人の相続分に寄与分を加算する制度です。

　特定の相続人が、被相続人の財産の維持または増加に特別の貢献をした場合、遺産を単純に法定相続分に従って分割すると、不公平になってしまいます。これを是正しようとするのが寄与分の制度です。

◆誰が寄与分を主張できるか

　寄与分を主張できるのは相続人に限られます。したがって、相続人の配偶者（例：被相続人父の面倒を妻がみてくれていた場合の妻）、相続人の子、内縁の妻や事実上の養子などは相続人ではないので、寄与分の主張はできません。

　ただし、相続人の配偶者や子に被相続人に対する特別の貢献があり、その貢献を相続人自身の貢献とみなすことができる場合には、その相続人の寄与分として主張することができます。

◆寄与分があると認められる場合

　寄与分は、被相続人の事業に関する労務の提供（家業従事型）または財産の給付（金銭等出資型）、被相続人の療養看護（療養看護型）そのほかの方法により被相続人の財産の維持または増加に特別の寄与をした場合に認められます。重要なことは、単なる寄与ではなく特別の寄与であることです。

①家業従事型

家業である農業や商工業などに従事した場合です。

家族が家業を手伝うことは通常見られることから、家業に従事すればそれだけで寄与分があると認められるわけではありません。提供した労務の対価としては著しく不十分な報酬しか得ていない、労務の提供が相当期間に及んでいる（個別具体的な判断が必要ですが、少なくとも3、4年程度）などの事情が必要です。

被相続人が経営する会社に対して労務を提供しても、あくまで会社に対する貢献なので、原則として、寄与分があるとは認められません。ただし、会社と被相続人とが経済的に極めて密着した関係にあったと言える場合には、被相続人に対する寄与と見る余地があります。

②金銭等出資型

家業や被相続人に対する財産的援助をした場合です。不動産の贈与・購入資金援助・無償使用、事業への資金援助などが考えられます。

寄与分（家業従事型）の例

③療養看護型

病気療養中の被相続人の療養看護に従事した場合です。

夫婦間には協力扶助義務、親族間には扶養義務・互助義務があるので、単に被相続人と同居してお世話をしたという程度では認められません。被相続人が親族による療養看護を必要としていた、著しく不十分な報酬しか得ていない、相当期間に及んだ（個別具体的な判断が必要ですが、実務上は1年以上が必要とされることが多いです）、多大な負担を負った（例えば、仕事を辞めて療養看護に専念した）といった事情が必要です。

④その他

被相続人の扶養を行い、被相続人が生活費などの支出を免れた場合（扶養型）、被相続人の財産管理を行い、被相続人が財産管理費用などの支出を免れた場合（財産管理型）などがあります。

◆具体的な計算方法

①計算式

寄与分があるときの具体的な計算式は、以下のようになります。

> 寄与相続人の相続額＝（相続開始時の遺産価額－寄与分額）×相続分＋寄与分額

②具体例

以下、具体例を基に、相続額の計算を見てみます。

夫Aが死亡し、妻B、長男C、二男Dが相続人です。遺産の合計額は5000万円で、CはAとともに家業に専念し、その寄与分額が1000万円と認められるとします。この場合のBCDの具体的な相続額は、以下のようになります（単位は万円）。なお、相続分 **ポイント** ⇑ P42

> 妻　B：(5000 − 1000) × 1／2　　　　＝　2000
> 長男C：(5000 − 1000) × 1／4 + 1000　＝　2000
> 二男D：(5000 − 1000) × 1／4　　　　＝　1000

（下図を参照）

◆寄与分を定める調停・審判

　寄与相続人の寄与分額については、相続人間で話し合うことになりますが、まとまらないときもあります。そのときには、家庭裁判所に対して、寄与分を定める調停または審判を申し立てることができます。

■ 寄与分

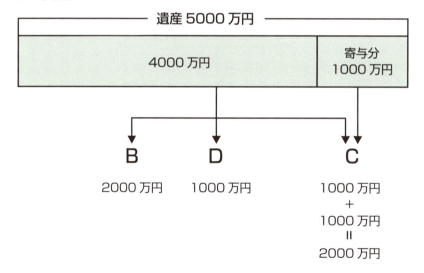

> **まとめ**
> 　寄与分が認められるのは特別の寄与がある場合で、家業や療養看護に無償で相当期間従事したなどの事情が必要です。主張できるのは相続人に限られますが、相続人の配偶者などの貢献を相続人の寄与分とみなして主張できることがあります。寄与分があるときには、遺産の総額から寄与分額を差し引いて法定相続分を掛け、最後に寄与分額を加算します。

借金を相続したくないなら「相続放棄」の手続が一番

◆相続はマイナスの財産も対象になる

相続の対象となる財産は、プラスの財産（資産）だけではありません。借金や連帯保証人の地位のようなマイナスの財産（負債）も相続の対象となります。

連帯保証人の地位を相続すると、債権者から請求があったときは債務を支払わなければなりません。相続人が複数いる場合には、各相続人は、法定相続分に応じて分割された連帯保証人の地位を相続します。

なお、保証には、企業に入社する際などに求められる身元保証もありますが、身元保証人の地位は、原則として相続されません。ただし、被相続人の生前にすでに具体的な損害賠償義務が発生している場合は、これは相続されるので注意が必要です。

◆相続にあたっての３つの選択肢

相続にあたっては、単純承認、相続放棄、限定承認の３つの選択肢があります。 ポイント ❹ P20

相続財産にマイナスの財産が多い場合は、相続放棄や限定承認の手続をとることを検討するのがよいでしょう。ただし、相続放棄と限定承認は、民法が定める３か月の期間内に家庭裁判所で手続をする必要があります（この期間を熟慮期間といいます）。単に、ほかの相続人に対して、相続放棄をするという意思表示をしただけでは、マイナスの財産から逃れることはできません。家庭裁判所で手続をするというのが重要なポイントです。

限定承認は、共同相続人が全員で行わなければならず、また、相続放棄に比べると手続が複雑になります。相続財産にマイナスの財産が多く、特に事情がないのであれば、相続放棄をするのが一番です。

第4章 遺産分割の手続

◆**相続放棄をするには期間の制限がある**

相続放棄は、自分に相続が開始したことを知ったときから3か月の熟慮期間の間に家庭裁判所に申述して行います。この熟慮期間内に相続財産を調査しても、なお、3つの選択肢の判断ができない場合、家庭裁判所に申し出て期間を延長してもらうこともできます。なお、被相続人の死亡前に相続放棄することはできません。

◆**相続放棄するなら、してはいけないことがある**

相続財産を処分したり消費したりした場合、原則として、相続放棄ができなくなります。相続放棄するのであれば、相続財産に手を付けないようにしてください。

ただし、次の行為については、相続財産を処分したり消費したりしていても、相続放棄をしてよいと裁判所が判断した事例があります。
①相続財産から葬儀費用や治療費を支払った。
②貯金を解約し、その一部を仏壇や墓石の購入費用の一部に充てた。
③交換価値のないものの形見分けをした。

一方、次の行為については、裁判所が相続放棄ができないと判断した事例があります。
①相続財産である売掛金の取り立てを行った。
②賃料振込口座を変更した。
③相続財産である預金を使って借金の一部を返済した。
④相続財産である衣服、靴、家具などのほとんどすべてを持ち帰った。

相続財産を処分したり消費したりしていても相続放棄ができるかどうかは、個別の具体的な事情ごとに裁判所が判断することになりますので、

相続放棄を考えているのであれば、相続財産には手を付けないようにしましょう。

◆**相続放棄した後にすることがある**
　相続放棄をすると、その相続人は、その相続に関して初めから相続人とならなかったものとみなされます。そのため、例えば、被相続人の子が全員相続放棄をした場合、被相続人の直系尊属が相続人となります。被相続人の直系尊属全員が死亡している場合や相続放棄をした場合は、被相続人の兄弟姉妹が相続人となります（次ページの図を参照）。
　自分が相続放棄をすることによって、マイナスの財産を引き継ぐことになる親族がいる場合、債権者はそちらに対して債務の履行を請求することになります。マイナスの財産を引き継ぐことになる親族には、その旨を連絡して相続放棄することを勧めましょう。

◆**相続を承認した後に分かった借金はどうなるのか**
　相続財産のうち、プラスの財産よりマイナスの財産の方が多いことが分かっていれば、相続放棄をすればよいのですが、相続放棄は、自分に相続が開始したことを知ったときから３か月以内にしなければなりません。
　しかし、３か月では被相続人の借金の存在が明らかにならないことも多いです。特に、被相続人が誰かの連帯保証人になっていることには、なかなか気付くことができない場合もしばしばあります。相続放棄や限定承認の熟慮期間の３か月が経過し、相続を単純承認した扱いになってしまった後にマイナスの財産の存在が分かった場合、どうすればいいのでしょうか。
　判例は、「自分のために相続の開始があったことを知ったとき」とは、被相続人の死亡を知ったときではなく、自分が法律上の相続人となった

ことを知ったときをいい、3か月以内に相続放棄をしなかったのが、被相続人に相続財産が全くない（借金がない）と信じたためであり、そう信じるについて相当の理由があると認められるときは、借金を含む相続財産の全部または一部の存在を認識したときから熟慮期間（3か月）は起算する、としています。

したがって、このような場合には、借金の存在を知ったときから3か月の間は、相続放棄をすることができます。

■ 相続放棄の流れ

相続放棄は順次3回にわたって行うこともある

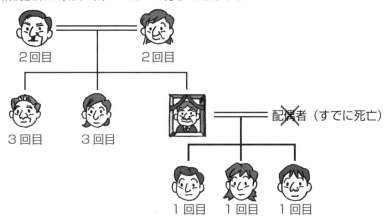

1回目：子が相続放棄 → 父母が相続人になる
2回目：さらに父母が相続放棄 → 兄妹が相続人になる
3回目：兄妹が相続放棄

> **まとめ**
> マイナスの財産も相続されます。相続財産にマイナスの財産が多いときは、相続の開始を知って3か月以内に、家庭裁判所で相続放棄の手続をします。3か月を経過していても相続放棄ができる場合もあります。相続放棄するなら、相続財産を処分したり消費したりしないようにしましょう。

江さんのQ&Aでわかる 気になる相続のお話 ❻

夫の死亡後に、夫の内緒の借金が分かったのですが……

―― 相談者 62 歳（女性）のケース

● 相続は資産も負債も引き継ぐ

Q 私の夫が交通事故で死亡し、その後 1 か月ほどで数社の金融機関に合計 700 万円の借金があることが判明しました。これまで請求書は勤務先に送られていたようで、まったく知りませんでした。どうしたらいいでしょうか。

A ご主人の残された資産はあるのですか。

Q 100 万円くらいの絵画がある程度です。

A そうであれば、相続放棄の手続をするのが良いかと思います。というのは、ご主人の死亡により、相続が開始しますが、何も手続をしませんと、相続人は、被相続人（死亡した人）の資産も負債もすべて引き継ぐことになります。この件の場合は、ご主人の財産は、約 600 万円の債務超過ですから、相続人は、これを支払わなくてはならなくなります。

● 家庭裁判所から相続放棄申述書をもらう

Q 相続放棄の手続は？

A 家庭裁判所から「相続放棄申述書（しんじゅつしょ）」という用紙をもらい、これに必

要事項を記載し、戸籍謄本等を添付して提出します。一人につき、収入印紙600円が必要ですが、弁護士に依頼するときは、その費用もかかります。

Q 注意することはありますか？

A 一つは、相続放棄が可能なのは、「相続開始があったことを知った時から3か月以内」ですから、その期間中に手続をする必要があります。この期間を過ぎてから借金などが判明したときは、判例では、その判明時点を起算点とすると解釈されています。

　もう一つは、資産である約100万円の絵画を売り払わないことです。というのは、そのような「処分」をしますと、相続を承認したとみなされ、負債についても責任を負わなければならなくなります。もっとも、軽微な慣習上の形見分けや葬式費用の支出、生命保険の受領などは、「処分」には当たらないとされていますので、ご安心ください。

江さんのQ&Aでわかる 気になる相続のお話 ❼

死亡した父の借金取り立てが来たが、払えないのですが……

──相談者48歳（会社員）のケース

● 借金も相続される

Q 先日、1年前に死亡した父の債権者という人から、父に貸した4000万円を支払えという内容証明郵便が来ました。父の相続人は私だけですが、私が支払わなくてはならないのでしょうか。

A 相続人があなただけということですので、お父さんの借金は、あなたがすべて相続することになります。したがって、あなたにはお父さんの借金の支払義務があります。

Q そう言われても、私には4000万円を支払うことは、とうていできないのですが、何か良い方法はないでしょうか。父の相続財産は、特にほかにはありませんでした。

A 相続放棄という方法があります。これは、あなたが「自己のために相続の開始があったことを知ったときから3か月以内に」(民法)、家庭裁判所に申し立てることによってできます。

Q 私の場合は、父の死亡からすでに1年も経っており、「3か月以内」ではないのですが、大丈夫なのでしょうか。

A あなたは、お父さんの 4000 万円の借金を、その死亡時に知っていましたか？

● 相続放棄の手続を

Q 知るわけありません！　内容証明郵便が来て初めて知り、驚いているのです。

A そうであれば、今からでも相続放棄の手続が可能です。というのは法律の条文は先に述べたようになっているのですが、相続人が、被相続人に借金があることも知らないのに相続放棄することは、事実上困難なことですので、裁判所は、相続人が借金の存在を知ったときから「3か月以内」というように、この条文を解釈すべきと判断しています。

ですから、内容証明郵便が来てから3か月以内であれば、相続放棄ができます。

なお、相続放棄が無理な場合は、自己破産などの異なる手続により、解決するしかないと思います。

江さんのQ&Aでわかる 気になる相続のお話 ❽

父が交通事故で死亡し、借金が発覚。どうすれば……

——相談者 28 歳（女性）のケース

損害賠償請求権との兼ね合いを考慮

Q 先日、62歳になる父が交通事故で死亡しました。その後、父に1000万円近い借金があることが判明しました。どうすればいいでしょうか。

A お父さんの借金の相続を免れるためには、相続放棄すれば良いのですが、他方で、相続すれば、お父さんの死亡に伴う損害賠償請求権を取得することもできますので、その辺りの金額の兼ね合いにより、どうすべきか判断することになります。

Q 具体的に言いますと？

A すなわち、相続放棄をすれば、借金の返済はしなくてもよくなりますが、お父さんが請求できる損害賠償請求権をあなたが取得（相続）することもできなくなります。ただし、あなたはお父さんの子として、交通事故の加害者に対して独自の慰謝料請求権を持っていますから、その分だけの請求が可能です。

　相続放棄をしなければ、あなたは、お父さんが請求できる損害賠償請求権を取得できますが、借金は返さなければなりません。子としての独自の慰謝料請求権については、同様に取得できます。

ですから、判断の基準は、お父さんの取得する損害賠償請求権の金額とそれが実際に取得可能であるかということに帰着します。

　そこで、お聞きするのですが、加害者は任意保険に入っていましたか。

● 自賠責保険金の問い合わせを

Q いいえ、入っていません。

A そうですか。任意保険による保険金はないということになりますね。でも、自動車事故ということですから、自賠責保険（自動車損害賠償責任保険）が適用されます。

　この場合には、交通事故についてお父さんの過失にかかわらず、保険金が支払われることになります。お父さんの取得する保険金額がいくらになるかは、保険会社に問い合わせてみてください。

　保険金を受け取っても借金が返済できるようであれば、相続放棄はしないで、保険金を受け取るべきでしょう。

生前に「相続放棄」はできないが「遺留分放棄」はできる

◆遺留分とは何か

　兄弟姉妹以外の法定相続人は、遺留分という権利を持っています。ポイント34 P131 遺留分は、法定相続人が、遺言よりも優先して、一定の範囲で相続財産を取得できる権利です。たとえ、全財産を他人に承継させる内容の遺言があっても、遺留分権利者は、遺留分の範囲で相続財産を取得することができるのです。

◆遺留分の放棄

　相続放棄は被相続人が死亡した後にしかできませんが、これと異なり、遺留分は被相続人が生きている間に放棄することができます。しかし、むやみに相続開始前の遺留分放棄を認めると、被相続人やほかの相続人の圧力によって、遺留分権利者が自己の意思に反して遺留分を放棄させられてしまうおそれがあります。

　そこで、相続開始前に遺留分を放棄するには、家庭裁判所の許可が必要とされています。家庭裁判所が相続開始前の遺留分放棄を許可する基準は、次のとおりです。

　①遺留分を放棄する本人の自由意思に基づくものであること。
　②遺留分を放棄する理由に合理性（必要性・妥当性）があること。
　③代償性があること（遺留分の放棄と引き換えに贈与などがあること）。
　一方、相続開始後の遺留分放棄は自由に行うことができます。家庭裁判所の許可は必要ありません。

◆どんなときに遺留分放棄を利用するか

　被相続人が特定の人に集中的に相続財産を承継させたい場合（例えば、

家業を子の1人に継がせる場合や、妻だけにすべての財産を相続させたい場合など）、①相続財産を承継させたくない相続人に遺留分を放棄してもらうことに加え、②遺言書を作成しておくことで、特定の人に相続財産を集中的に承継させることができます。

相続放棄は被相続人が生きている間にはできませんが、遺留分放棄であれば被相続人が生きている間にもできます。そのため、遺留分放棄と遺言を併せることで、被相続人は自分が生きている間に、自分の死後、特定の人に集中的に相続財産を承継させ、ほかの相続人が相続財産を承継しないようにすることができます。

ただし、遺留分を放棄しても相続を放棄したわけではないので、相続が開始すると遺留分を放棄した人も法定相続人になります。特定の人に相続財産を集中的に承継させるには、忘れずに遺言を作成しなければなりません。

■ 遺留分放棄

1. 生前に遺留分を放棄してもらう
　　　　　＋
2. 遺言の作成
→ 特定の人に相続財産を集中!!

まとめ
自己の意思に反して放棄させられることのないように、相続開始前の遺留分放棄には家庭裁判所の許可が必要です。①相続人に遺留分を放棄してもらうことに加え、②遺言を作成することで、特定の人に集中的に相続財産を承継させることができます。遺留分を放棄した人も法定相続人であることに注意！　遺言の作成を忘れずに！

江さんのQ&Aでわかる 気になる相続のお話 ⑨

夫が別の女性との間でつくった子に相続させたくないのですが……

──相談者 79 歳（女性）のケース

● 夫に遺留分の放棄手続をしてもらうこと

Q 私の夫は40年前に出て行き、別の女性との間に子をつくっています。私には、私名義の不動産などの財産がありますが、その子には相続させず私の子どもが全部取得できるようにしたいのですが。

A そうですね。まず自分の子に対して全部相続させる内容の遺言書を作成しておくことでしょう。遺言の方式はいろいろありますが、公証役場に行って作ってもらう公正証書遺言が一番確実ですので、お勧めします。
　その上で夫に遺留分(いりゅうぶん)の放棄の手続を家庭裁判所にしてもらい許可をもらうことです。というのは、あなたが夫より先に死亡したときは夫も相続人になりますので、夫はあなたの相続財産の4分の1を請求する権利（遺留分減殺(げんさい)請求権）を有し、夫の死亡後に別の女性との間の子がその一部を相続するからです。

● 夫が先に死亡した場合

Q 私より夫が先に死亡した場合は、どうなるのでしょうか？

A 夫があなたより先に死亡した場合は、夫が別の女性との間につくった子は、あなたが死亡した場合の相続人とはなりません。

Q 相続人が死亡しても、その次の相続人が代わって相続すると聞いたことがあるのですが。

A 「代襲(だいしゅう)相続」のことだと思いますが、これは、あなたが死亡したときにあなたの子がすでに死亡していたというような場合に、子の子、すなわちあなたの孫が代わって相続人となることです。

あなたの配偶者である夫が先に死亡したからといって、代襲相続はありません。夫と別の女性との間の子が相続することはなく、何も手続をしなくても、すべてあなたの子に相続されることになります。ご安心を。

墓地の承継は指定がない場合その土地の慣習による

◆祭祀財産は相続財産ではない

遺骨を埋葬する相当範囲の土地、墓碑、石碑、先祖代々の家系図、神体、仏像、仏壇、位牌などは、祭祀財産と呼ばれます。

祭祀財産は、相続財産に含まれません。預貯金や不動産などの一般の財産とは違うルールで承継されます。なぜかというと、祭祀財産は、一般の財産と同じ相続方法にはなじまず、従来からの習俗を尊重すべきだと考えられているからです。

◆祭祀財産を誰が承継するかはどうやって決まるか

祭祀財産は、祖先の祭祀を主宰する者（祭祀主宰者）が承継します。祭祀主宰者は、被相続人による指定がある場合は、被相続人の指定によって決まります。祭祀主宰者の指定は、口頭でも遺言でもできます。

祭祀主宰者に関して被相続人の指定がない場合は、祭祀主宰者は、その地方の慣習によって決まります。その地方の慣習も明らかでない場合は、家庭裁判所が定めることになります。

なお、祭祀主宰者は、相続人でなくてもなることができます。内縁の妻、叔父、従兄弟、甥姪など相続人ではなくても、被相続人と深い関係にある人であればなることができます。

◆祭祀財産の承継は相続分に影響しない

祭祀財産は相続財産ではないので、相続人が祭祀主宰者になった場合でも、相続分には影響しません。祭祀財産を受け取っても相続分を減らされることはありません。また、祭祀の費用が掛かるからといって相続分を増やしてもらえるわけでもありません。

第4章 遺産分割の手続

■ 墓地など祭祀財産の承継

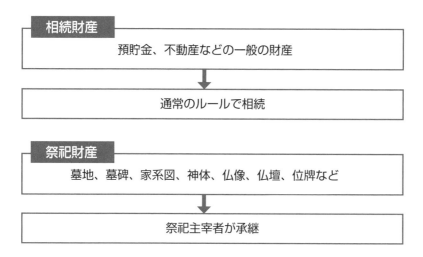

■ 祭祀主宰者はどうやって決まるか?

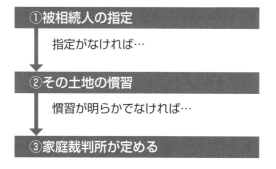

> **まとめ**
>
> 祭祀財産は、祭祀主宰者が承継します。祭祀主宰者は、被相続人の指定で決まります。被相続人の指定がなければ、その地方の慣習で決まります。その地方の慣習も明らかでなければ、家庭裁判所が定めます。祭祀財産の承継は相続分に影響しません。相続分を減らされないし、相続分を増やしてもらえるわけでもありません。

遺産分割協議書作成とその留意点について

◆**遺産分割協議書を作成するメリット**

　遺産分割について話し合いを行い、相続人全員の間で合意することができた場合は、遺産分割協議書を作成すべきです（P116に例文あり）。

　遺産分割協議書を作成することは法律上の義務ではなく、作成しなかったからといって遺産分割が無効になることはありません。

　しかし、遺産分割協議書は、①内容を明確にしておくことにより、後日の紛争を防止できる、②不動産などの相続財産の名義変更をするときに必要となる、③相続税の申告が必要となる場合に資料として必要となる、など重要な意味があります。

◆**遺産分割協議書作成における留意点**

　このように、遺産分割協議書を作成すべきですが、作成の際には以下の点に注意する必要があります。

　遺産分割協議書の書き方には特に決まりはありません。

　しかし、後日のトラブルを避けるためには、まずは相続財産の内容を正確に記載することが大事です。

　例えば不動産の場合、遺産分割協議書の内容に誤りがあると、これにしたがって登記をすることができなくなってしまう場合があります。そこで、不動産の登記事項証明書などを必ず確認し、登記されたとおりに遺産分割協議書に記載するようにしてください。

　また、遺産分割協議書を作成した後になって、遺産分割協議書に記載されていなかった相続財産が発見されることがよく見受けられます。

　このような場合、誰が相続すべきかについてまた話し合いをしなければならなくなってしまいます。

第4章 遺産分割の手続

　そこで、遺産分割協議書を作成する際には、後で新たな相続財産が発見されることを見越して、前もって相続人間で、後で発見された相続財産を相続する人を決めておき、これも遺産分割協議書に記載しておくとよいでしょう。

　また、不動産の登記移転などに必要な遺産分割協議書などの添付書類には実印による押印が必要とされています。

　そこで、遺産分割協議書に各相続人が署名・押印する際、押印は必ず実印で行うようにしてください。

　そして、相続人の数だけ作成し、各人が保管することになります。

遺産分割について話し合い → 遺産分割協議書を作成

> **まとめ**
> 　遺産分割協議書を作成するにあたっては、後でトラブルにならないよう、相続財産の内容を正確に記載してください。後で相続財産が発見された場合についても記載しておくとよいでしょう。また、各人が署名・押印する際は、実印で押印するようにしてください。

■ 遺産分割協議書

遺産分割協議書

被相続人　甲野太郎
生年月日　昭和○年○月○日
本　　籍　広島県広島市○区○町○丁目○番地

　被相続人甲野太郎の遺産について、同人の相続人全員において協議した結果、次のとおり遺産を分割することに決定した。

1　　相続人甲野一郎が取得する財産
　（1）　所　　在　広島市○区○町○丁目○番地
　　　　　地　　番　○番○
　　　　　地　　目　宅　地
　　　　　地　　積　○○・○○㎡
　（2）　所　　在　同所
　　　　　家屋番号　○番○
　　　　　種　　類　居　宅
　　　　　構　　造　木造スレート葺2階建
　　　　　床 面 積　1階　○○・○○㎡
　　　　　　　　　　2階　○○・○○㎡

> 登記事項証明書を確認して間違いのないように記載します。

2　　相続人甲野花子が取得する財産
　　　○○銀行　○○支店　普通預金　口座番号○○○○○○○
3　　本協議書に記載のない遺産及び後日判明した遺産については、相続人甲野花子が全て取得する。

上記のとおりの協議が成立したので、この協議の成立を証するため、相続人ごとに本協議書を作成する。

> この記載により、後で遺産が見つかっても、さらに話し合いをすることなく処理できます。

平成○○年○○月○○日

広島県広島市○区○町○丁目○番○号
　　甲野　一郎　　（実印）
広島県広島市○区○町○丁目○番○号
　　甲野　花子　　（実印）

> 実印で押印します

第5章

遺言の手続

遺言書作成とそのメリット・デメリット

◆**遺言書の方式について**

遺言書の主な方式として、「自筆証書遺言」と「公正証書遺言」があります。自筆証書遺言は、全文を自筆で書き、これに押印して作成する遺言書です（P120に例文あり）。公正証書遺言は、遺言者が公証役場の公証人に遺言の趣旨を口頭で伝え、これを公証人が筆記して作成する遺言書です。 ポイント 31 P123

◆**遺言書作成のメリット①　自分の思うように遺産を処分できる**

遺言書がない場合、亡くなった人（被相続人）の遺産は、相続人全員の協議により分割されることになります。民法には、各相続人が取得できる法定相続分が定められており、これを基準にして遺産分割協議を成立させることも多いでしょう。いずれにせよ、遺産の分け方を相続人間で協議することになるので、被相続人の意思は反映されません。

この点、遺言書を作成しておけば、一部の相続人に法定相続分より多い遺産を相続させたり、相続権のない人に遺産を与えることもできます。

◆**遺言書作成のメリット②　不動産の相続登記手続が簡単**

不動産の登記手続は、登記により利益を受ける者（登記権利者）と利益を失う者（登記義務者）が共同して申請するのが原則です。

この点、ある不動産について「相続人Aに相続させる」という内容の遺言書を作成しておけば、相続人Aは相続開始後、遺言書に基づいて単独で不動産の相続登記手続を行うことが可能になります。

このように、遺言書の内容を工夫することにより、不動産の相続登記手続を簡単にすることができます。

第5章 遺言の手続

◆遺言書作成のメリット③　遺産の処分以外の事項も定められる

　遺言書を作成する際に、子の認知や未成年後見人の指定など身分に関すること、相続人の廃除 ポイント⑮ P58 や祭祀主宰者（祭祀承継者）の指定などを記載しておけば、遺産の処分以外の事項を定めることもできます。

◆遺言書作成のデメリット

　メリット①の裏返しになりますが、法定相続分の割合よりも少ない遺産しか相続できない相続人が、遺言書の内容に不満を持つおそれもあります。

　したがって、遺言書を作成する場合は、残された相続人の関係が悪化しないように、相続についての自分の考えや残された相続人への思いなども、きちんと盛り込んでおいた方がよいでしょう。

> **まとめ**
> 　遺言書を作成すれば、自分の思うように遺産を処分することができます。また、遺言書の内容を工夫して、不動産の相続登記手続を簡単にすることもできるし、子の認知や祭祀主宰者の指定など、遺産の処分以外の事項を定めることもできます。ただ、遺言書の内容によっては、不満を持つ相続人も出てきますので、配慮が必要です。

■ 自筆証書遺言

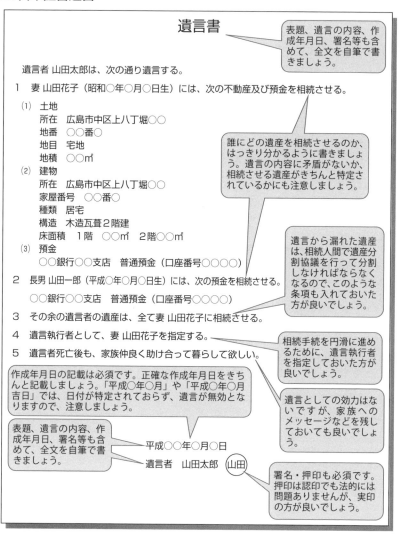

※　遺言書中の加除その他の変更について

遺言書中の加除そのほかの変更は、「遺言者がその場所を指示し、これを変更した旨を付記して特にこれに署名し、かつ、その変更の場所に印を押さなければ、その効力を生じない」とされていますので、注意しましょう。

未成年の子どもがいる方は遺言を書こう

■妻と子で遺産分割協議

　皆さんは遺言を書いたことはあるでしょうか？
　ほとんどの方はＮＯとおっしゃるかもしれません。
　「揉めるような財産などない」「自分はまだまだ若いから書く必要がない」「そんな大事なことを今決められない」──。
　そんな声が聞こえてきます。
　しかし、若い方でも小さいお子さんがいる方は特に遺言を書いていただきたいと思います。
　夫婦２人で未成年の長男、長女が２人という家庭で夫が不慮の事故で亡くなったとしましょう。遺言はなく、夫の財産は妻と子２人が相続することになります。
　夫名義のマンションがある場合、名義を妻名義に変更するためには、妻と子２人で遺産分割協議を行う必要があります。

■妻と子は利益相反関係にある

　しかし、この遺産分割協議において未成年の子を妻が代理することはできません。 ポイント 8 P34
　妻も相続人ですので妻と子２人、また長男と長女とは財産を取り合う関係、利益相反関係にあり、このような利益相反関係にある場合には親が代理することは許されません。自分やあるいは特定の子に有利な行為

を行い、不利益を受ける子がいるかもしれないからです。

　そこで民法では利益相反関係にある場合には、家庭裁判所に特別代理人を選任してもらい、特別代理人が遺産分割協議に参加することで不公平な行為がなされないようにしています。

　もし、きちんとした遺言があればこのような煩雑な手続を行う必要はありませんでした。遺言書の書き方は、ポイント30 P118 を参照してください。前記ケースで妻にすべて任せるつもりであれば是非参考にしてください。遺言は、便せんなどに全文を手書きで書いて、最後に自署し、押印してください。日付は遺言を作成した日を書いてください。誤記があるときは一から書き直す方が賢明です。

（弁護士　加藤　泰）

ポイント31 遺言書の方式には、主として「自筆証書遺言」「公正証書遺言」がある

◆遺言したいと思ったら

①書き残す

書面にして残すことが必要です。たとえ本人が話していることが明らかでも、それを録音して残したものは遺言としての法的効力はありません。

②相続人と相続財産を明らかにする

遺産分割の対象となる相続財産について、誰に何を相続させるのか、特定できるように表記します。預金の場合には、銀行、支店、口座番号、口座の種別（普通預金か当座預金か）など、土地の場合は登記上の地番まで。解釈の余地の残る書き方では、その不明瞭（ふめいりょう）な部分が争いの種になりかねません。

③日付と本人の署名押印

遺言書が複数見つかった場合、後の日付のものが有効になります。このため、遺言書の日付は、日にちまで書かねばなりません。署名は遺言者本人がするものですが、公正証書遺言の場合には、遺言者が署名することさえできないときは、公証人が遺言者の署名を代書してくれます。また、印鑑は自筆証書遺言の場合は実印である必要はありませんが、公正証書遺言では実印が求められます。

◆遺言書の種類

遺言書には大きく分けて「自筆証書遺言」と「公正証書遺言」があります（ほとんど使うことの無いほかの種類は省略）。

自筆証書遺言は、遺言者本人が全文自筆し、作成日付を書いて署名押印するものです。すべてを遺言者本人が自筆しないと遺言としては無効となりますので、注意が必要です。これに対し、公正証書遺言は遺言者

が証人2人の立ち会いの下、公証人に遺言内容を伝えて作成してもらい、公証役場で保管されるものです。

　公正証書遺言の場合、費用が掛かりますが、自筆証書遺言でありがちな要式を満たしておらず法的効力がなかったとか、せっかく書いた遺言書が相続人によって発見されなかったという心配がありません。ですから、遺言書作成の場合は、特別の事情がなければ、公正証書遺言をお勧めします。ただし、それぞれメリットとデメリットがありますので、下の図を参考にしてください。

■ **自筆証書遺言と公正証書遺言の違いとメリット・デメリット**

	自筆証書遺言	公正証書遺言
作り方	本人が ①全文 ②作成日付 ③氏名を自筆し ④押印する	遺言者が証人2人の立会いの下、公証人に遺言内容を伝えて作成してもらう
要式の確認	(本人が専門家に相談に行くなど)本人の責任で行う	公証人が行う
押印	実印に限らない	実印に限る
保管	(人に預けるなども含め)本人の責任で行う	公証役場で行う
メリット	・1人でできる ・費用がかからない ・遺言の存在・内容を秘密にできる	・無効になる可能性はほとんどない ・筆記できない人でも作成可能 ・裁判所の検認手続が不要
デメリット	・偽造・隠匿などのおそれがある ・発見されないおそれがある ・無効になる可能性がある ・裁判所の検認手続が必要	・作成の手間や費用がかかる ・証人を2人用意する必要がある ・遺言の存在・内容を完全には秘密にできない

> **まとめ**
>
> 　遺言書には「自筆証書遺言」と「公正証書遺言」があります。遺言書は要式を満たさないと法的効力がありません。遺産分割の方法を指定する場合には、相続人、財産ともに明確に特定します。遺言書が複数ある場合には、後の日付のものが有効となります。

遺言書の探し方。発見したら検認手続が必要な場合も

◆公正証書遺言の有無を調べるには

　公正証書遺言は、遺言者の依頼に基づき、全国にある公証役場の公証人によって作成されます。

　1989年1月1日以降に作成された公正証書遺言については、遺言者の氏名、生年月日や遺言の作成年月日などの情報が日本公証人連合会に登録されています。

　したがって、相続人らは、遺言検索システムを利用して、公正証書遺言の有無や保管している公証役場を調べることができます。

　これにより公正証書遺言があることが判明すれば、遺言を保管中の公証役場に必要書類を持参して、その謄本を入手することもできます。

　なお、1989年1月1日よりも前に作成された公正証書遺言については、前記の検索システムは利用できません。遺言者の自宅近くの公証役場など、遺言を作成したと考えられる公証役場に個別に問い合わせることになります。

◆自筆証書遺言を見つけるには

　自筆証書遺言は、遺言者が自ら作成・保管するものです。遺言書の保管場所についても特に決まりはありません。

　したがって、遺言者の部屋の中、金融機関の貸金庫など、遺言書が保管してありそうな場所を念入りに探す必要があります。

◆自筆証書遺言については「検認手続」が必要

　自筆証書遺言の保管者やそれを発見した相続人は、速やかに遺言書を家庭裁判所に提出して、その検認を請求しなければなりません。

また、封印のある遺言書は、家庭裁判所で相続人らの立ち会いの上、開封しなければなりません。
　なお、公正証書遺言については、検認手続は不要とされています。

◆検認は遺言書の有効・無効を判断するものではない
　検認は、相続人に対して、遺言書の存在およびその内容を知らせるとともに、その時点での遺言書の内容を明確にして、遺言書の偽造や変造を防止するための手続にすぎません。
　検認は、遺言書の有効・無効を判断する手続ではないのです。
　したがって、遺言書の内容や作成過程に問題があれば、検認手続を経ていても、裁判手続で遺言書の無効を争うことも可能です。

■ 遺言書の探し方

① 公正証書遺言の場合（検認手続は不要）
　・最寄りの公証役場に行って、日本公証人連合会が管理する遺言検索システムを利用する。
　・1989年1月1日よりも前に作成されたものは自宅近くの公証役場に問い合わせる。

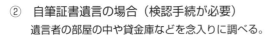

② 自筆証書遺言の場合（検認手続が必要）
　遺言者の部屋の中や貸金庫などを念入りに調べる。

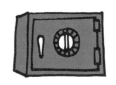

> **まとめ**
> 　公正証書遺言の有無は「遺言検索システム」を利用して調べることができます。自筆証書遺言については、遺言者が生活していた部屋や金庫の中など、遺言書がありそうな場所を念入りに探してください。なお、自筆証書遺言については、家庭裁判所での「検認手続」が必要となりますので、忘れないようにしましょう。

江さんのQ&Aでわかる 気になる相続のお話 ⑩

タンスの中から父の遺言書が見つかったのですが……

──相談者 53 歳（女性）のケース

● 遺言書は勝手に開けてはいけない

Q 先日、79歳の父が死亡しました。一人住まいだったため、私が父の住んでいた家を整理していましたら、タンスの中から、封印のある封筒の表に「遺言書」と書いてあるものが見つかりました。開けて、中を見てもいいのでしょうか。

A 勝手に開けてはいけません。家庭裁判所に対し、検認の申立をし、遺言書そのものを家庭裁判所に提出しなければなりません。

Q 「検認」とはどういうことですか？

A 遺言書が効力を発揮するのは、遺言者が死亡したときですから、遺言書の内容について問題となるときには、その遺言書を書いた本人（遺言者）はすでにこの世にいません。したがって、遺言者の真意を確認し、遺言書の偽造・変造を防ぐために、民法は厳格な要件を定めています。その一つが「検認」という手続であり、遺言書の状況を裁判所が検証し、証拠として保全するものです。

ただし、検認手続は、遺言書の状況を検証するものに過ぎませんから、遺言内容の真否等その効力を判断するものではないことに注意してください。

● 検認手続の流れ

Q 検認手続は具体的にはどのようになされるのでしょうか。

A 家庭裁判所は、検認申立があれば、相続人に検認する期日を通知し、相続人が立ち会う機会を与えます。必ずしも相続人全員が立ち会う必要はありません。書記官が検認調書を作成し、相続人ら利害関係人にその旨を通知します。

Q もし、私が勝手に開けて中を見てしまったら、何か罰則があるのですか。

A はい、あります。5万円以下の過料（行政罰）に処せられます。ただし、遺言書そのものを無効とするものではありません。

また、故意に遺言書を偽造・変造したり、破棄・隠匿した場合には、相続人や受遺者は、その地位を失うことになりますので、注意してください。

遺言により相続人以外の人にも財産を譲ることができる

◆**相続人以外の人に財産を残すには「遺贈」が必要**

　遺言書がない場合、亡くなった人（被相続人）の遺産は、相続人に相続されることになります。

　したがって、相続人以外の人に財産を残したいと思ったら、遺言で遺贈をしておく必要があります。

◆**遺贈とは何か**

　遺贈とは、遺言により自分の財産を特定の人に無償で与える（贈与する）ことです。

　遺贈には、「遺産の全部」とか「遺産の２分の１」など、与える遺産の割合を決めて行う「包括遺贈」と、不動産とか預貯金など、与える遺産を特定して行う「特定遺贈」があります。

　遺贈を受ける人を「受遺者」と呼びます。

　受遺者は相続人でも相続人以外の人でもよく、また、会社などの法人を受遺者とすることもできます。遺贈の時点で、受遺者に知らせたり、承諾を取る必要はありません。

◆**受遺者は遺贈の放棄をすることもできる**

　受遺者は、遺言者の死亡後、いつでも遺贈の放棄をすることができます。受遺者には遺贈を受けない自由もあるのです。

　特定遺贈の放棄については、特に方式は定められていないため、口頭でも可能です。

　他方、包括遺贈の場合、受遺者は相続人と同一の権利義務を有するものとされていることから、それを放棄するときは、相続放棄と同様に、

自分が包括受遺者になっていることを知ってから3か月以内に、家庭裁判所に包括遺贈の放棄を申請する必要があります。

◆遺贈が効力を発揮するケース

　結婚式を挙げるなど事実上夫婦のように暮らしているが、婚姻届を提出していない内縁関係は、法律上婚姻したとはみなされないため、相続権のある「配偶者」とは認められません。そのような内縁相手に遺産を与えたいときは、遺贈をしておきましょう。

　また、自分の子の配偶者など相続権のない親族、お世話になった友人・知人のほか、会社、学校や慈善団体などの法人に遺産を与えたいときにも、遺贈が効力を発揮します。

■ 遺贈の種類

① 　包括遺贈
　　　与える遺産の割合を決めて行う遺贈のこと
　　　　（例えば「遺産の全部」とか、「遺産の2分の1」など）
　　　→ 包括遺贈を放棄するには、家庭裁判所への申請が必要

② 　特定遺贈
　　　与える遺産を特定して行う遺贈のこと
　　　　（例えば「不動産」とか、「預貯金」など）
　　　→ 特定遺贈の放棄は、口頭でも可能

まとめ
　遺言で「遺贈」をすることにより、相続人以外の人にも財産を残すことができます。特に、内縁の夫や妻は、相続権のある配偶者とは認められていないため、内縁関係の相手方に財産を残したい場合は、遺贈をしておかなければなりません。なお、「包括遺贈」と「特定遺贈」では、放棄の手続が異なりますので、注意してください。

ポイント34 遺言によると取り分が少なすぎる相続人には、「遺留分減殺請求」という取り戻し手段がある

◆遺留分とは？──自己決定権と遺族の利益の調整──

　被相続人は、遺言や生前贈与などによって自分の財産を誰にどのように引き継がせるかを自分で決められます。

　例えば、被相続人X（相続人は配偶者P、子A、子Bの3人とします）が「全ての遺産をAに相続させる」という遺言書を残していたとします。PとBは、被相続人の遺産に関して何も権利がないのでしょうか。遺言がなければ、Pは2分1、Bは4分の1の法定相続分があるわけですから、PやBはXの遺産を相続できると期待していたはずです。

　これに対処するため、法は、「遺留分」という権利を認め、PやBの利益を一定の範囲で保障しています。遺留分は、被相続人の財産における一定の割合として認められています。被相続人から見れば自分の財産なのに完全には自由にできないもの、相続人から見れば被相続人が死んだ後にはこれだけは最低限取得し得るもの、それが「遺留分」です。遺留分以外の部分、つまり被相続人が完全に自由にできる部分のことを「自由分」といいます。

　遺言を作成する際、遺留分を念頭に置いておくことは重要です。誰かの遺留分を侵害する遺言も有効ですが、その場合、後で述べる遺留分減殺請求の形で、相続人間の紛争に発展する可能性があるからです。

◆遺留分の有無・割合は、相続人の組み合わせで変わる

　遺留分は全ての相続人に認められるわけではありません。遺留分が認められるのは、相続人のうち、被相続人の配偶者、直系卑属（子、孫など）、直系尊属（父母、祖父母など）のみです。被相続人の兄弟姉妹が相続人になる場合の兄弟姉妹には遺留分はありません。

また、各相続人に遺留分がどれだけ認められるかは、相続人の組み合わせによって異なります。まず、相続人全員に合計として認められる遺留分（「総体的遺留分」といいます）は、直系尊属のみが相続人の場合は被相続人の財産の3分の1、それ以外の場合は2分の1です。

　この総体的遺留分を、遺留分を持つ相続人同士の法定相続分割合で配分したものが、各相続人の個別の遺留分（「個別的遺留分」といいますが、単に「遺留分」という場合これを指していることが多いです）となります。言い換えると、兄弟姉妹と配偶者が相続人の場合は「総体的遺留分＝配偶者の個別的遺留分＝2分の1」となり、これ以外の場合は「個別的遺留分＝総体的遺留分×法定相続分」となります。

　冒頭の例では、総体的遺留分は2分の1、各相続人の個別的遺留分は配偶者のPは4分の1（総体的遺留分2分の1×法定相続分2分の1）、子A・Bは各8分の1（総体的遺留分2分の1×法定相続分4分の1）となります。 遺留分の割合の例　P133

◆遺留分算定の基礎財産

　遺留分の割合を算定するもととなる基礎財産は、①相続開始時の被相続人の財産と②生前贈与（原則1年以内。ただし、相続人への特別受益分は1年の期間制限なし）の合計から、③相続開始時の被相続人の負債を控除して算定します。

　例えば、冒頭の例で、①死亡時のXの遺産総額が1億2000万円、②PがXから4000万円の生前贈与を受けており、③Xの負債が4000万円残っていたとすると、遺留分算定の基礎財産は1億2000万円（＝遺産総額1億2000万円＋生前贈与4000万円－負債4000万円）となり、総体的遺留分は6000万円（1億2000万円×総体的遺留分2分の1）、個別的遺留分はP 3000万円（＝6000万円×法定相続分2分の1）、A・B各1500万円（＝6000万円×法定相続分4分の1）です。 遺留分減殺請求の例　P135

■ 遺留分の割合の例

1 核家族パターン

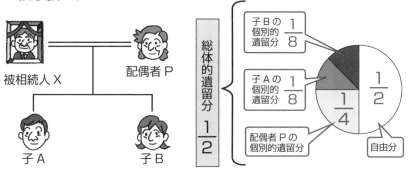

2 直系尊属のみが相続人のパターン

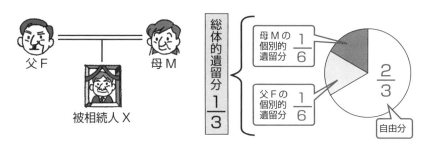

3 配偶者と兄弟姉妹が相続人のパターン

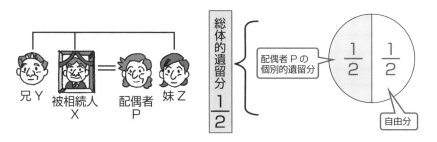

◆遺留分減殺請求──遺留分を確保できていない場合の取戻権──

　各相続人には個別的遺留分が保障されているとはいっても、遺言や生前贈与などによって、遺留分が侵害されることはよくあります（被相続人の財産を引き継いだ分が、その人の個別的遺留分に満たない状態のことを「遺留分が侵害されている」と表現します）。先の例では、Bには生前贈与も遺言による相続もなく、1500万円の遺留分が侵害されています。

　遺留分を侵害されている相続人には、①そのような被相続人の財産処分を尊重して遺留分侵害状態を受け入れる、②遺留分を確保するために「遺留分減殺請求」をする、という二つの選択肢があります。

　「遺留分減殺請求」は、遺言や生前贈与を受けることでほかの人の遺留分を侵害している人（先の例のA）がいる場合に、遺留分を侵害されている人（同B）が、問題の遺言などの効力を必要な範囲で失効させ、その財産を取り戻す行為をいいます。遺留分減殺請求の対象となる遺言などの順番は決まっており、遺贈（「相続させる」旨の遺言も含む）、生前贈与の順です。

　先の例で、Bは「相続させる」旨の遺言を受けているAに対して遺留分減殺請求することになります（Pの生前贈与は対象になりません）。遺留分減殺請求により、Bは遺留分1500万円の分についてAが相続することを否定して、自分の権利を確保することができます。

　もちろん、遺留分減殺請求を行わない選択もあり（上記①）、その場合は、遺言通り、Aが全ての遺産を相続します。

◆遺留分減殺請求には期間制限がある

　遺留分減殺請求は、自分の遺留分が侵害されていることを知った時から1年以内に行わなければ、それ以降は行えなくなります（消滅時効）。相続開始から10年経過したときも同じです。

第5章 遺言の手続

　遺留分減殺請求をするために訴訟などを起こす必要はありません。遺留分を侵害している人（先の例ではＡ）に対して遺留分減殺請求をすると意思表示すれば足ります。その際、後日、きちんと期限内に遺留分減殺請求を行ったことを立証できるように、配達証明付きの内容証明郵便を送っておくのが通常です。

■ 遺留分減殺請求をする例

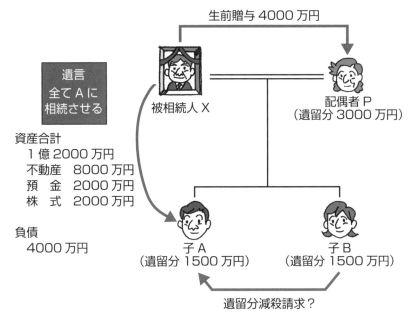

> **まとめ**
> 　兄弟姉妹以外の相続人には最低限取得し得る権利として「遺留分」が認められています。遺留分は基礎財産（＝遺産総額＋生前贈与－債務）の一定割合として算定されます。遺留分侵害に対しては、1年以内に遺留分減殺請求をすることができます。

ポイント35 遺言書では「遺言執行者」を定めておいた方がいい

◆遺言執行者とは？

　遺言が効力を生じるのは、遺言者（被相続人）の死亡時ですので、遺言者自身が関与して遺言に記載した事項を実現（遺言内容を実現させることを「遺言執行」といいます）させることはできません。

　そのため、遺言の内容や相続人同士の人間関係によっては、相続人のみに任せると遺言執行が進まない危険性があります。

　そのような懸念がある場合に活躍するのが「遺言執行者」です。「遺言執行者」は、ごく簡単にいうと、遺言者の代わりに、遺産を換価して分配したり、名義変更したりして遺言内容を実現する任務を担う人です（厳密な法的位置づけはいくつかの見解に分かれています）。

　なお、遺言で認知をしたり、推定相続人の廃除 ポイント15 P58 をしたりする場合など、必ず遺言執行者が必要になる場合もあります。

◆遺言執行者は遺言で指定できる

　遺言執行者は、遺言者が遺言で指定できます。付き合いのある弁護士や親族（推定相続人も可）など信頼できる人を指定しておけばよいでしょう。ただ、遺言執行者に指定された人が遺言執行者に就くかどうかは、指定された人が決めます。

　遺言で指定がない場合や指定された遺言執行者候補者が就任を拒んだ場合、利害関係人が請求すれば、家庭裁判所が遺言執行者を選任します。

◆遺言執行者の権限

　遺言執行者には、相続財産管理や遺言執行に必要な一切の行為をする権限と義務があります。

遺言執行者が指定されている場合、相続人は相続財産の処分等遺言執行の邪魔になる行為をすることができず、仮にそのような行為がなされたとしても無効です。また、遺言執行者は単独で遺産の換価や名義変更などをする権限があるので、迅速な遺言執行が可能です。

この点、単純な「相続させる」旨の遺言の場合は、相続人単独で換価などが可能なこともあり、遺言執行者をつけるメリットは後退します。しかし、複雑なケース、例えば、預貯金や不動産などの財産を換価してその金銭を複数の相続人に分配させるような遺言の場合、迅速な執行は難しく、遺言執行者を指定しておくメリットが大きくなります。

◆遺言執行者の義務

遺言執行者は、相続財産目録を作成して相続人に交付しなければなりません。また、相続人から請求があれば適宜遺言執行状況などを報告し、遺言執行が終了したらその経過と結果を報告する義務もあります。遺言執行を進めるにあたって、善管注意義務（善良な管理者に求められるような高度な注意義務）も負っています。

◆遺言執行の費用

遺言執行者は報酬を受けとることができます。その額は、遺言者が決めている場合を除いて、家庭裁判所が決めることになっています。

また、遺言執行者の報酬のほか遺言執行に要する費用は、相続財産から支出することになります。

> **まとめ**
> 遺言で遺言執行者を指定することができます。遺言執行者を指定しておくと、遺言の内容の迅速な実現につながります。遺言執行者には権限とともに義務もあります。遺言執行者の報酬などは相続財産から支出されます。

■ 遺言執行者を指定する場合の遺言の文言例

第○条
　遺言者は、本遺言の遺言執行者として、○○○○を指定し、単独で次のことを行う権限を付与する。

①不動産、預貯金、信託受益権、株式公社債、そのほかの債権、そのほかの資産の名義変更ならびに解約および払い戻し、そのほかの換価換金処分

②貸金庫の開扉、名義変更および解約

③前記①および②のほか遺言執行のため必要な一切の行為

ポイント36 遺言書が2通以上あるときは、新しいものが優先する

◆**遺言書が2通以上あるときは新しいものが優先する**

　甲野太郎さんが亡くなって、相続人として太郎さんの子である甲野花子さん、甲野一郎さんがいた場合を考えてみます。遺言書が2通発見された場合、どちらの遺言書が有効なのでしょうか？

　このような場合、遺言書の日付が一番新しいものが優先することになっています。そのため、まずは遺言書の日付を確認することが大事です。これは遺言書の種類（自筆証書遺言か公正証書遺言かなど）にかかわりません。

◆**内容によっては古い遺言書も有効な場合がある**

　それでは、常に日付が新しい遺言書が優先し、日付が古い遺言書は常に無効なのでしょうか？

　これについては、内容が矛盾しないのであれば、古い遺言書も新しい遺言書に矛盾しない限りで有効になります。

◆ **具体例について**

　それでは、次ページの遺言書について見てみましょう。まず、遺言書の作成日付を見てみると、右側の遺言書は左側の遺言書の１年後に作成されています。そうすると、右側の遺言書が優先することになります。

　第１条を見ると、甲土地について相続する者が異なっているので内容が矛盾しています。そうすると、新しい右側の遺言書の内容が優先し、古い左側の遺言書の内容は無効となります。そこで、甲土地については花子さんが相続することになります。

　これに対して、第２条について見ると、左側の遺言書では乙建物を甲野花子に相続させるとし、右側の遺言書では丙建物を甲野一郎に相続させるとしています。乙建物と丙建物は別の不動産なので、それぞれを別人が相続しても矛盾しません。

　そうすると、左側の遺言書は日付が古いものの、第２条に関しては、内容が矛盾していない以上、有効です。したがって、乙建物については花子さんが、丙建物については一郎さんが相続することになります。

◆ **遺言書は発見してもらえるように保管する**

　なお、せっかく遺言書を書いても、後で相続人が発見してくれなければ全く意味がありません。

　そこで、遺言書を作成したら、弁護士などの専門家に保管を依頼し、このことを将来の相続人にも伝えておくとよいでしょう。

第5章 遺言の手続

■ 遺言書が2通以上ある場合

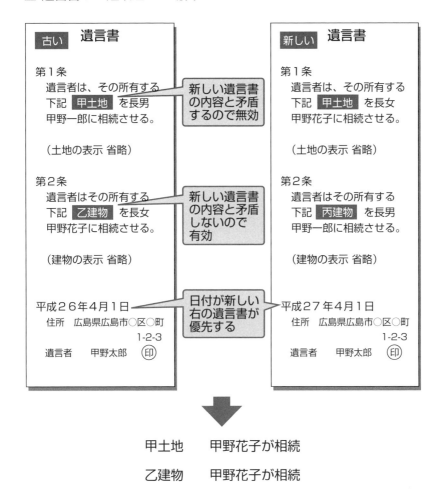

甲土地　　甲野花子が相続

乙建物　　甲野花子が相続

丙建物　　甲野一郎が相続

まとめ

　遺言書が2通以上ある場合、遺言書の形式にかかわらず、日付が新しいものが優先します。しかし、内容が矛盾しない場合は、矛盾しない範囲で日付が古い遺言書も有効になります。また、死後きちんと遺言書を相続人に発見してもらえるよう、弁護士に預けるなどしていると安心です。

ポイント37 認知症の疑いのある人の書いた遺言書はもめる場合が多い

◆認知症の場合、遺言書が無効になる場合がある

　認知症の疑いがある人の書いた遺言書については、認知症に乗じて本人の意思とは異なる内容を書かせたものと主張されて、もめることがかなりあります。

　遺言書が有効となるには、遺言書を作成した時点で、自分の行為の結果を弁識（物事の道理を理解すること）し判断できる能力（意思能力）が備わっていることが必要です。意思能力が認められない場合、遺言書は無効ということになります。

　ただ、認知症と診断されていれば直ちに遺言書が無効になるのではありません。意思能力が認められない状態になっているといえる場合に初めて、遺言書が無効と評価されることになります。

◆遺言書作成前に専門医による診断を受ける

　では、認知症の疑いのある場合、遺言書の有効性について後でもめないようにするためには、どうすればいいでしょうか？

　まず、遺言書を作成する直前に、専門医に認知症についてテストを実施してもらい、意思能力には問題がない旨の診断書を作成してもらいます。

　また、遺言書の形式としては、自筆証書遺言ではなく、公正証書遺言を作成することが望ましいでしょう。 ポイント30 P118 そして、公正証書遺言作成の際に、公証役場に上記の診断書も提出します。このようにすれば、後で相続人の間でもめる可能性は減ると思われます。

　そのほか、以下の場合にも遺言書は無効になるので注意してください。

第 5 章 遺言の手続

◆遺言者が 15 歳に達していないとき

遺言をするには、15 歳に達している必要があります。遺言の意味が分かる程度の基本的な社会的知識が備わっていることが必要といえるからです。ですから、15 歳未満の者が書いた遺言書は無効となります。

ただ、契約の有効な成立などに必要とされる行為能力（原則２０歳以上）より年齢が引き下げられています。これは遺言者の最終的な意思を尊重する趣旨からです。

認知症の疑いがある人 → 遺言書作成
① 事前に医師の診断書を
② 公正証書遺言で

> **まとめ**
> 遺言者に認知症の疑いのある場合、意思能力がなかったとして、後で遺言書の無効を主張されることがあります。そうならないよう、公正証書遺言を利用し、意思能力に問題がない旨の医師の診断書も作成時に提出しておくことが有用です。このほか、遺言者が１５歳未満の場合も遺言書は無効です。

ポイント38 エンディングノートは役立つが遺言書としての法的効力はない

◆エンディングノートとは

　エンディングノートとは、人生の最期に備えて、生前に作成しておくノートのことです。今ではすっかり定着し、書店ではさまざまな種類のものがところ狭しと並んでいます。インターネットで無料でダウンロードできるものも増えてきました。

　種類によって中身が異なりますが、主に、自分の経歴、家族やペットのこと、友人や知人のこと、病気や治療・介護のこと、自分の葬儀やお墓・法要のこと、自分の財産や負債、遺言のこと、家族などへのメッセージを自由に書き込めるようになっています（P146に山下江法律事務所作成のエンディングノートの一部抜粋があります）。

◆エンディングノートはこう生かす

　エンディングノートを書くことで、これまでの人生を振り返り、財産や負債も含めて自分の現状を整理できます。そして、書いた本人にもしものことがあったとき、その人の「気持ち（希望）」と「情報（財産状況や交友関係）」が分かれば残された家族の負担は大幅に軽減します。さらに、家族などの大切な方に感謝のメッセージを残すこともできます。

　自分のため、大切な家族のため、エンディングノートはすべての方にとって有効なツールといえます。

◆遺言書との違いは「法的効力」

　さまざまな可能性を秘めた「エンディングノート」ですが、遺言書としての法的効力はありません。例えば、「長男Aに、○○銀行の預金を相続させる」とエンディングノートに書いてあったとしても、それを根

拠に A が預金の取得を主張することはできません。むしろ、中途半端な情報が「争族」の火種となることがあります。遺産の分け方については、遺言書の中で指定して初めて法的効力が認められます。

そのほか、遺言書でなければ法的効力のない項目は次のようなものがあります。「遺産分割の禁止」、「遺贈」、「遺言執行者の指定」、「推定相続人の廃除とその取消」、「子の認知」などです。

無用な対立を防ぎ、遺恨を残さないためにも、エンディングノートと遺言書を使い分けて両方準備しておくのが望ましいでしょう。

◆一度書いたら終わりではない

エンディングノートは記入する項目が多く、すべてを埋めるのはなかなか骨の折れる作業です。少しずつ時間のあるときに書き足していくとよいでしょう。しかし、一度完成したら終わり、というものではありません。

財産状況・交友関係はもちろんのこと、ご自身の希望も時とともに変化していきます。「誕生日」や「お正月」など、自分でタイミングを決めて毎年見返してメンテナンスをしておくとよいでしょう。

まとめ エンディングノートは自分にとっても残される家族にとっても有効なツール。しかし、法的効力はないので遺言書との使い分けが必要です。一度書いて終わりではなく定期的なメンテナンスを。

■山下江法律事務所作成のエンディングノートより一部抜粋

ポイント39 遺言に代えて「家族信託」制度を利用することもできる

◆家族信託とは

「信託」とは文字通り「信」じて「託」す仕組みです。「家族信託」は信頼できる家族に託すことで、大切な財産を守ったり、有効に活用したり、スムーズに引き継ぐことができる新しい制度です。

具体的には財産を持っている人（例：父親）が、特定の目的（例：「老後の生活・介護などに必要なお金の管理および給付」など）に従って、その保有する不動産・預貯金などの資産を信頼できる家族（例：長男）に託し、その管理・処分を任せる仕組みです。

◆登場人物は3者「委託者」「受託者」「受益者」

家族信託の仕組みを理解するためには、まず次の3者の登場人物を押さえましょう。なお、この3者は、別々の人である必要はありません。

> ①委託者・・・財産を託す人
> ②受託者・・・託されて財産の管理や処分をする人
> ③受益者・・・信託された財産から生まれる利益を受取る人

この仕組みを使って、これまで遺言書ではできなかったことも可能になります。

◆遺言書の限界

子のいない夫婦の例を考えてみましょう。夫は自分が死んだらすべての財産を妻に相続させたいと考えていましたが、財産の中には先祖代々引き継いできた不動産がありました。妻がすべての財産を相続して、その後亡くなれば先祖代々の資産は妻の家系が引き継ぐことになります。

妻の生活は守りたい一方で、先祖代々の資産が他家に流れることには抵抗があったので、妻亡き後は自分の弟に引き継いでもらいたいと考えていました。「妻にすべて相続させる」というのは遺言書でかなえられます。
　しかし、加えて「妻が亡くなったら弟に相続させる」と指定したとしてもその部分は無効となります。

◆**遺言書の限界を超える家族信託**
　先ほどのケースも家族信託の仕組みを活用することで解決できます。まず、夫が委託者となり、弟を受託者として信託契約を締結します。これにより、財産の名義は弟に移ります。夫が生きている間、託した財産（信託財産）から得られる利益を受け取る人（受益者）は夫自身に設定しておくことで、財産の名義が変わっても現状とほとんど変わらない状態となります。
　夫が死亡したら、「受益者」を夫から妻に変更することを定めておけば妻は安心して生活ができます。そして、妻の死亡により信託が終了するように定め、残った財産の帰属先を弟に指定しておけば、先祖から受け継いだ大切な資産が他家に流れることを防ぐことができるのです。

> **まとめ**
> 　家族信託は財産を「守る」「活用する」「引き継ぐ」ことができる新しい仕組みです。遺言書では二次相続以降の相続について指定することができませんが、家族信託の仕組みを活用することで可能になります。

第 5 章 遺言の手続

■ 家族信託制度

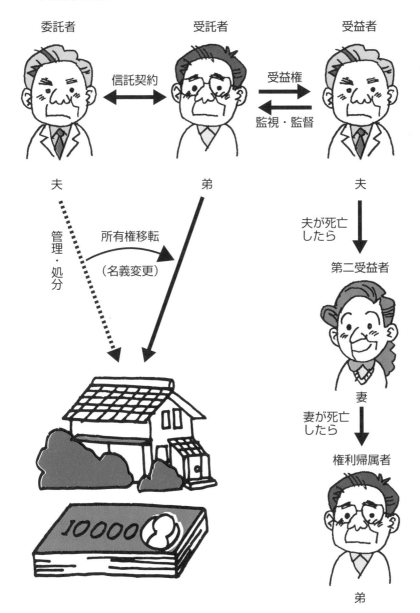

江さんのQ&Aでわかる 気になる相続のお話 ⑪

自分が死んだ後の
ペットが心配ですが……

── 相談者76歳（女性）のケース

自分の死後も愛する猫が安心して暮らせる方法とは？

Q 私は5年前に夫を失いました。子どももおらず一人で寂しいため、猫を飼っています。この猫とはいつも一緒にいるので家族同様に思っています。

心配なのは私が死亡した後の猫のことです。私の死後も猫が安心して暮らせるようにしてやりたいのですが、何かいい方法はあるでしょうか。

A まず、親族かお知り合いで、ご自身の死亡後に猫の面倒を見てくれる信頼できる人を探して頼んでおくことでしょうか。そして、その方に対して、遺言により猫と一定の財産を遺贈するとともに、猫の面倒を見てもらうようにすることです。一定の財産は猫の面倒を見てもらう対価という意味があります。

「負担付遺贈」という方法

Q 遺言書の内容はどのようになるのでしょうか。

A 例えば、「1、遺言者は、友人Aに対して、愛猫ミケ（三毛猫）と○○銀行○○支店の遺言者名義預金のうち600万円を遺贈する。2、Aは、上記遺贈を受ける負担として、遺言者の死亡後、愛猫ミケの世話を誠実に行うこと、また、愛猫ミケが死亡した場合にはペット霊園（○○県○

○市○○町○○番地）に手厚く埋葬しなければならない」

　こうした受遺者（遺贈を受ける人）の負担を伴う遺贈を「負担付遺贈」といいます。

Q 頼んだ方がちゃんとやってくれるか少し心配ですが、何かその点も解決できる方策はないですか。

A そうですね。遺言の中で、遺言執行者を指定しておくことでしょうか。遺言執行者は遺言の内容を実現する義務を負う者です。もし、受遺者が猫の面倒などをきちんとみない場合には、ちゃんと行うように催告します。それでも実施しないときは遺言の取消を裁判所に請求できます。

第6章

相続税の基礎知識

ポイント40 相続税は、特定の人への富の集中を回避し、公平な社会実現のためにある

◆相続税と贈与税

　相続税は、被相続人の死亡を機に、被相続人の財産を取得した人に対して、その人が取得した財産について課せられる税金です。

　また、これと表裏の関係にあるのが、贈与税です。贈与税は、生前贈与によって財産を受けた人に対して、贈与を受けた財産について課せられます。もし、贈与税がなければ生前贈与をすることで簡単に相続税を免れられることになります。贈与税は相続税を補完する税金です。生前贈与について ポイント 49・50 P178〜183

　相続税も贈与税も、「相続税法」という一つの法律に規定されています。

◆相続税の機能

　相続税には、被相続人の死亡という偶然による財産取得（富の増加）に税金を課すことで、特定の人への富の集中を抑制し、相続によって財産を取得した人とそのような機会のなかった人との間のバランスを図る機能があるとされています。

　また、被相続人が生前に蓄積した財産をその人の死亡に際して清算することで、所得税を補完する機能もあるといわれています。

◆相続税のかかる相続は全体の 4.3％

　統計によると、2013年に発生した相続126万8436件のうち相続税がかかったのは5万4421件（約4.3％）でした。納付された相続税（納付税額）は合計1兆5366億8300万円でした（相続件数＝死者数は厚生労働省「2013年人口動態統計」、そのほかの数字は「第139回国税庁統計年報」から引用）。

第6章 相続税の基礎知識

課税価格の大小でみると、課税価格1億円以下の相続は1万3843件あり、1件当たり平均納付税額は131万円（法定相続人1人当たり平均58万円）でした。額が大きなものでは、課税価格が100億円を超える相続も19件あり、1件当たり平均納付税額は135億6142万円（法定相続人1人当たり平均39億6411万円）という数字になっています。

◆相続税法の改正

相続税に関しては、2015年1月1日以降に亡くなった人の相続について法改正がありました。基礎控除額の引下げ、最高税率の引上げなど、増税の方向に働く要素が大きいもので、申告義務者が大幅に増加しました。

ポイント 41 P156

■ 2013年　課税価格階級別の被相続人の数等の分布

課税価格階級	被相続人の数	法定相続人の数	課税価格		納付税額		
			合計額	被相続人1人当たり金額	合計額	被相続人1人当たり金額	法定相続人1人当たり金額
	人	人	百万円	千円	百万円	千円	千円
1億円 以下	13,843	31,353	1,159,160	83,736	18,106	1,308	577
1億円 超	25,959	79,810	3,590,247	138,305	167,983	6,471	2,106
2億円 〃	7,286	24,775	1,760,222	241,590	167,744	23,023	6,771
3億円 〃	4,310	15,044	1,631,218	378,473	237,081	55,007	15,759
5億円 〃	1,397	4,983	816,105	584,184	153,158	109,634	30,736
7億円 〃	822	2,890	676,122	822,533	150,493	183,082	52,074
10億円 〃	612	2,268	823,135	1,344,992	212,647	347,462	93,760
20億円 〃	95	356	220,576	2,321,853	64,181	675,589	180,284
30億円 〃	59	221	219,313	3,717,169	69,309	1,174,729	313,615
50億円 〃	13	46	76,647	5,895,923	21,319	1,639,923	463,457
70億円 〃	6	18	46,588	7,764,667	16,994	2,832,333	944,111
100億円 〃	19	65	605,920	31,890,526	257,667	13,561,421	3,964,108
合　計	54,421	161,779	11,625,252	213,617	1,536,683	28,237	9,499

※「第139回国税庁統計年報」を基に作成

まとめ

相続税と贈与税は表裏の関係にあります。相続税には富の集中を抑制し、所得税を補完する機能があります。2015年1月1日以降に発生した相続については改正後の相続税法が適用され、申告が必要となる人が増加しています。

ポイント 41 基礎控除、配偶者控除などにより、相続税が発生しない人が多い

◆相続税が掛かるとは限らない

相続が発生したからといって、必ず相続税を払わなければいけないわけではありません。遺産が一定額を下回ると相続税を支払う必要はありません。また、相続人の属性（配偶者である、障害者である、など）により税額控除があるため、相続税が減額されたり、納付すべき税額が０円となることもあります。

◆遺産にかかわる基礎控除額

「遺産に係る基礎控除額」は 3000 万円＋（600 万円×法定相続人の数）です。「各人の課税価格の合計額」が「遺産にかかわる基礎控除額」を超える場合には相続税が発生し、財産を取得した人は、相続税の申告をしなければなりません。

「各人の課税価格の合計額」は厳密には複雑な計算を経るのですが、相続・遺贈の対象となる財産、過去３年の贈与財産および「相続時精算課税制度」 ポイント 50 P181 を利用した贈与財産から債務および葬式費用を控除した金額とイメージしておけばよいでしょう。

◆税額控除

税額控除には、暦年（れきねん）課税分の税額控除、配偶者の税額軽減、未成年者控除、障害者控除、相次相続控除などがあります。

「暦年課税分の税額控除」は一つの贈与から贈与税と相続税を二重に課税しないための税額控除です。

「配偶者の税額軽減」は、遠からず（配偶者が亡くなることにより）次の相続が生じて相続税が課税されること、配偶者に対する配慮、遺産

第6章 相続税の基礎知識

に対する配偶者の貢献などを考慮して設けられた税額控除です。配偶者の取得分が法定相続分相当額までの場合、または、1億6000万円以下である場合には相続税が掛からないことになっています。

「未成年者控除」、「障害者控除」は未成年者、障害者の生活に配慮し、政策的に課税を控えるための税額控除です。

「相次相続控除」は、同一の財産に短期間に何度も相続税を課される場合の税負担を和らげるため、被相続人が10年以内に相続税を課されていた場合に相続人に対して一定の税額控除を行うものです。

■ 相続税の仕組み（基礎控除）

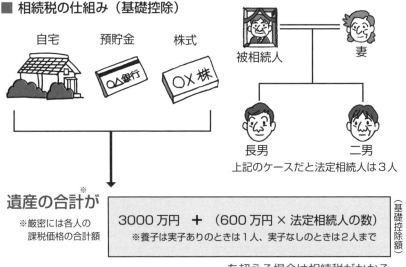

注：最終的に相続税がかからない場合でも、小規模宅地等の特例の適用を受けるためには、申告が必要です。

> **まとめ**
> 相続税を納める必要があるのは、基礎控除や各種の税額控除をしてもなお納める税金がある場合です。配偶者の税額控除は大きく、配偶者は相続税を納める必要がないケースが多いです。

ポイント 42 資産の評価の仕方は種別ごとに決まっている

◆相続財産の評価

　相続税の財産の評価は時価主義を基本としており、取得時（課税時期）の時価により行います。したがって、相続開始時の時価と覚えておけばよいでしょう。なお、贈与による取得の場合は履行時（書面に基づく贈与は契約時）が取得の日となります。

　相続財産の評価に関しては財産評価基本通達に細かくルールが定められています。

◆宅地

　宅地の評価は、路線価方式または倍率方式により行います。なお、宅地や田、畑、雑種地などの地目は取得時の現況により判断します。

　路線価方式は国税局長が路線価を定めている地域の評価方法です。宅地の面する道路に1平方メートルあたりの価額が定められているので、宅地の形状などの事情による補正を加えたのちに面積を乗じて評価額を算出します。路線価は国税庁のサイトで公開されています。

　倍率方式は固定資産税評価額に一定の倍率を乗じて評価額を算出する方式です。路線価が定められていない地域はこの方式によります。倍率については地域ごとに国税局長が定めており、路線価同様国税庁のサイトで確認することができます（P160、161に例あり）。

　居住用宅地や事業用宅地について、は相続人の生活基盤の維持に不可欠なものであることから、課税価格を最大80％減額する制度があります。

◆宅地以外の土地

　宅地以外の土地については、原則として倍率方式により算出します。

ただし、市街地および市街地周辺にある田畑などについては、その農地を宅地と仮定した場合の価額から宅地に造成した場合に掛かる標準的費用などを控除して算出する宅地比準方式により算出します。

◆家屋
家屋の価額は固定資産税評価額により評価します。

◆上場株式
上場株式の価額は、①相続開始時の終値、②相続開始があった月の終値月平均、③その前月の終値月平均、④その前々月の終値月平均のうち最も低い価額によって評価します。

◆取引相場のない株式
取引相場のない株式については、会社の規模により、上場企業の株価を参考に配当・利益などを比較して算出する類似業種比準方式、会社の有する資産と負債から算出する純資産価額方式の一方または併用で算出します。

会社の支配株主でない場合には、会社の配当から算出する配当還元方式を使い評価します。

◆事業用機械、器具、農機具、家庭用財産、自動車、書画・骨董など
これらについては類似品の売買価格や専門家の意見などから評価します。

> **まとめ**
> 相続財産の評価は取得時（相続開始時）の時価で行い、財産評価基本通達で評価方法が細かく指定されています。土地については路線価方式と倍率方式があり、国税庁のサイトで路線価や倍率が確認できます。居住用宅地について課税価格を減額する制度があるのが重要です。

■ 路線価図の説明

　路線価は、路線（道路）に面する標準的な宅地の１平方メートル当たりの価額（千円単位で表示しています）のことであり、路線価が定められている地域の土地などを評価する場合に用います。
　なお、路線価が定められていない地域については、その市区町村の「評価倍率表」をご覧ください。

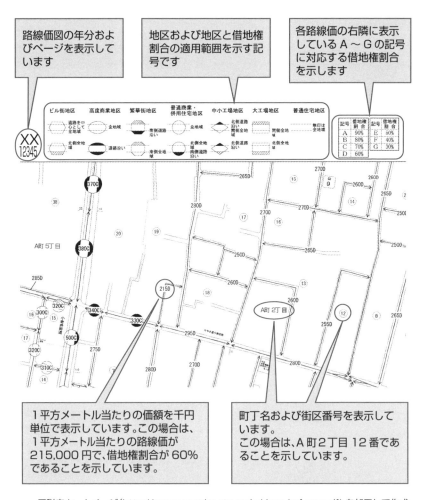

国税庁ホームページ(http://www.rosenka.nta.go.jp/docs/ref_prc.pdf) を加工して作成

第6章 相続税の基礎知識

■ 計算例

(1) 一路線に面する宅地

① 自用地の価額

（路線価）　（奥行距離35mに応ずる奥行価格補正率）　（1㎡当たりの価額）
300,000円 × 0.98 ＝ 294,000円

（1㎡当たりの価額）　（地積）　（自用地の価額）
294,000円 × 700㎡ ＝ 205,800,000円

② 借地権の価額

（自用地の価額）　（借地権割合）　（借地権の価額）
205,800,000円 × 70% ＝ 144,060,000円

国税庁ホームページ(http://www.rosenka.nta.go.jp/docs/ref_prc.pdf)を加工して作成

■「倍率」の掲載例

市区町村名：○○○町　　　　　　　　　　　　　　　　　○○○税務署

音順	町(丁目)又は大字名	適用地域名	借地権割合	固定資産税評価額に乗ずる倍率等					
				宅地	田	畑	山林	原野	牧場	池沼
			%	倍	倍	倍	倍	倍	倍	倍
ね	根小屋	上記以外の地域	40	1.1	中 90	中 113	純 48	純 48		
ま	又野	農業振興地域内の農用地区域			純 34	純 54				
		上記以外の地域	40	1.1	純 48	純 67	純 46	純 46		
み	三ケ木	用途地域の指定されている地域	—	路線	周比準	周比準	比準	比準		
		農業振興地域内の農用地区域			純 55	純 79				

[計算例]　（固定資産税評価額）　（倍率）　　（評価額）
　　　　　　10,000,000円 × 1.1 ＝ 11,000,000円

国税庁ホームページ(http://www.rosenka.nta.go.jp/docs/ref_rto.pdf)を加工して作成

ポイント43 生命保険金や退職金には非課税となる部分がある（非課税限度額）

◆非課税財産

　相続により取得した財産であっても公益性や社会政策的見地、国民感情の面から相続税の課税対象から除かれて非課税となっている財産があります。墓地や仏具、生命保険金や退職金のうちの一定金額、国や地方公共団体などに寄付した財産などが非課税財産となります。

　なお、受取人として指定された相続人が受け取った生命保険金は（相続税額を計算する際には考慮されるが）民法上の遺産にはあたりません。そのため、上記保険金は遺産分割の対象とはならないことに注意が必要です。 ポイント16 P66

◆生命保険金

　相続人が受け取った保険金のうち、「500万円×法定相続人の数」が非課税限度額となります。相続人が複数の場合には、受け取った保険金の割合に応じてその相続人の非課税金額が決まります。

　なお、法定相続人の数には養子も含みますが、非課税限度額の計算においては被相続人に実子がある場合は1人、実子がない場合は2人までとなります（退職手当金においても同様です）。

　こうした非課税部分に余剰がある場合、被相続人が一時払いの生命保険契約などを結ぶことで相続税額を減らすことができます。

◆退職手当金

　相続人が支給を受けた退職手当金のうち、「500万円×法定相続人の数」が非課税限度額となります。相続人が複数の場合には、受け取った退職手当金の割合に応じてその相続人の非課税金額が決まります。

第6章 相続税の基礎知識

◆債務・葬式費用

　非課税財産とは別の話ですが、相続税額を計算する過程では債務や葬式費用を控除して課税価格を算出します。債務には所得税や市町村民税などの公租公課も含みますが、保証債務については原則として債務控除の対象とはなりません。保証債務を履行した場合には、主たる債務者に求償権を行使することにより補填(ほてん)を受けられるからです。

　ただし、保証人が債務を履行しなければならない場合で、かつ、主たる債務者から弁済を受ける見込みのない場合には債務控除の対象となります。

　葬式にあたり、お寺などに対して読経料などのお礼をした費用も葬式費用に含まれます。領収書がなくても常識的な金額であれば認められますので、金額を忘れずに控えておきましょう。一方で、香典返しや墓地・墓石についての費用、初七日などの法事の費用は葬式費用には含まれません。また、生前に購入していた仏壇の代金なども、債務控除できません。

■ 生命保険金や退職金の非課税限度額

```
生命保険金の非課税限度額
　　５００万円 × 法定相続人の数
退職手当金の非課税限度額
　　５００万円 × 法定相続人の数
```

> **まとめ**
> 　相続によって取得した財産でも、生命保険金や退職手当金の一定金額は非課税財産となります。そのため、被相続人が一時払いの生命保険契約をすることで、相続税額を減らすことができます。

ポイント44 相続税総額の計算後に各人の負担額が決定される

相続税額は次の段階を経て計算します。

◆第1段階　各人の課税価格の計算

相続により財産を取得した者の課税価格をそれぞれ各人ごとに計算します。課税価格とは、相続により取得した財産の価額から、非課税財産の価額や債務、葬式費用を控除したものです。なお、被相続人から相続開始前3年以内に行われた生前贈与の価額を加算します。

◆第2段階　課税遺産総額の計算

①各人ごとの課税価格を合計します。
②課税価格の合計額から基礎控除額を控除し、課税遺産総額を算出します。

◆第3段階　相続税総額の計算

①課税遺産総額を法定相続人で法定相続分どおりに分割したと仮定して、各人ごとの取得額を計算します。
②仮の取得額に応じた税率（図内の相続税速算表参照）を使い、各人ごとの仮の相続税を計算します。
③各人ごとの仮の相続税額を合計したものが相続税の総額となります。

◆第4段階　各人の納付すべき相続税額の計算

①相続税の総額を各人が実際に取得する課税価格に応じて案分し、各人の負担する相続税額を計算します。
②各人ごとに配偶者控除などの税額控除を行い、最終的な納税額が決定します。

第6章 相続税の基礎知識

■ 相続税額の計算

● 第1段階　各人の課税価格の計算

妻の取得財産
- 自宅　4000万円
- 小規模宅地等の特例　800万円
- 預貯金　5000万円

妻が負担する債務
- 葬式費用　200万円
- 負債　600万円

妻の課税価格
　800万円 + 5000万円 − 200万円 − 600万円 = 5000万円

長男の取得財産
- 預貯金　3500万円

長男の課税価格　3500万円

二男の取得財産
- 預貯金　3500万円

二男の課税価格　3500万円

● 第2段階　課税遺産総額の計算

課税価格の合計額
　妻5000万円 + 長男3500万円 + 二男3500万円 = 1億2000万円

課税遺産総額の計算

　1億2000万円 − 4800万円　ポイント 41 P156　= 7200万円
　　　　　　　　基礎控除
　　　　　　（3000万円 + 600万円 × 3人）

● 第3段階　相続税総額の計算

課税遺産総額を法定相続分で分けると仮定

 妻　$\frac{1}{2}$　3600万円
3600万円 × 20% − 200万円 = 520万円

 長男　$\frac{1}{4}$　1800万円
1800万円 × 15% − 50万円 = 220万円

 二男　$\frac{1}{4}$　1800万円
1800万円 × 15% − 50万円 = 220万円

相続税の総額
520万円
+
220万円
+
220万円
=
960万円

相続税 速算表

法定相続分に応ずる取得金額	1000万円以下	3000万円以下	5000万円以下	1億円以下	2億円以下	3億円以下	6億円以下	6億円超
税率	10%	15%	20%	30%	40%	45%	50%	55%
控除額	なし	50万円	200万円	700万円	1700万円	2700万円	4200万円	7200万円

● 第4段階　各人の納付すべき相続税額の計算

　　　　　　　　　　　　　　　　　　　　　　税額控除　　実際の納税額

 妻　960万円 × $\frac{5000万円}{1億2000万円}$ = 400万円 ➡ 配偶者控除 ➡ 0円

 長男　960万円 × $\frac{3500万円}{1億2000万円}$ = 280万円　　　　280万円

 二男　960万円 × $\frac{3500万円}{1億2000万円}$ = 280万円　　　　280万円

> **まとめ**
> 　相続税は、各人の課税価格の計算、課税遺産総額の計算、相続税総額の計算、各人の納付すべき相続税額の計算という段階を経て導き出します。遺産が基礎控除額を上回ると相続税申告の義務がありますが、最終段階で税額控除を行うため納税額が0円となることも珍しくありません。

ポイント45 相続税などの期限を守らなかった場合には不利益がある

◆所得税・消費税の準確定申告期限

　所得税や消費税の確定申告を行う必要のある方が亡くなった場合には、相続人は相続を知った日の翌日から4か月以内に準確定申告を行う必要があります。

　この準確定申告は原則として相続人全員で行い、所得税・消費税の納付を行うことになりますが、例外的に各相続人が個別に準確定申告を行うことも認められています。所得税の場合には「所得税の確定申告書付表（兼相続人の代表者指定届出書）」、消費税の場合には「死亡した事業者の消費税および地方消費税の確定申告明細書」を通常の確定申告書に添付します。

◆相続税の申告期限

　相続税の申告および納税は、相続を知った日の翌日から10か月以内に行う必要があります。この10か月という期間制限を過ぎてしまった場合には、本来かかる相続税のほかに無申告加算税、重加算税、延滞税といったペナルティを課されることがあります。

　相続税の申告期限は、申告期限が残り1か月以内となった後、認知などにより相続人に異動があったとき、遺留分減殺請求により返還額が確定したとき、遺贈にかかる遺言が見つかったときなどに、2か月の範囲内で例外的に申告期限を延長してもらうことができます。遺産分割がまだ終わっていないなどという理由によっては延長を認めてもらえないので、この場合にはひとまず法定相続分により相続税の申告を行う必要があります。 ポイント46 P171

　申告期限内に相続税の納付ができなかった場合には、延滞税が課されることになります。さらに、後述の配偶者の税額軽減措置、小規模宅地

等の特例という減税制度を利用できなくなるので、注意が必要です。

◆延滞税

　所得税・消費税の準確定申告や相続税の申告を期限内に行わず、納税できなかった場合には、加算税 ポイント48 P175 のほか、延滞税が課されることになります。延滞税は、申告期限の翌日から納付までの日数に応じて、納付期限から2か月以内は7.3％または「特例基準割合（2015年は1.8％）＋1％」のいずれか低い方、2か月を超える部分については14.6％または「特例基準割合（2015年は1.8％）＋7.3％」のいずれか低い方の年率で課されます。

◆配偶者の税額軽減

　配偶者間での相続には大幅な税額軽減措置があり、次のうちいずれかを満たしている場合には、配偶者にかかる相続税がなくなります。

> ①配偶者が取得する財産の課税価格が法定相続分以下であること。
> ②配偶者が取得する財産の課税価格が1億6000万円以下であること。

　配偶者と子どもが相続人である場合、配偶者の取得する財産の課税価格が相続財産全部の2分の1までであれば相続税がかかりません。配偶者の取得する財産の課税価格が相続財産全部の2分の1を超える場合であっても同価格が1億6000万円を超えた場合にのみ、本来の相続税額から法定相続分に対する税額を引いた金額が納税額となるにすぎないので、大幅な減税となります。

◆小規模宅地等の特例

　個人が、相続または遺贈により取得した財産のうち、その相続の開始

の直前において被相続人など（被相続人又は被相続人と生計を一にしていた被相続人の親族）の事業の用に供されていた宅地など、又は被相続人などの居住の用に供されていた宅地などのうち、一定の選択をしたもので限度面積までの部分については、相続税の課税価格に算入すべき価額の計算上、一定の割合を減額できます。

　この一定の割合の減額は対象となる土地ごとに減額割合が決まっています。具体例としては、被相続人と同居をしていた子が、引き続き相続財産である宅地に継続して居住するような場合には、330㎡までの宅地の評価額が本来の評価額の20％と評価されるため、大幅に減税を受けることが可能になります。

　この小規模宅地等の特例については、適用要件が複雑なので、税務署や税理士などの専門家に相談を行うようにしましょう。

◆相続税の取得費加算

　相続により取得した財産（土地・建物）をその後譲渡した場合の譲渡所得に対する税金について、次の2要件を満たした場合には、財産につき支払った相続税を取得費に加算して譲渡所得を計算できるという特例があります。この特例を受けると所得税が減額されることになります。（ちなみに、譲渡所得＝売買代金―取得費―譲渡費用）

　2要件は、①相続または遺贈により財産を取得し、相続税が課された者であること②その譲渡した資産が、相続税の課税価格の計算の基礎に算入された資産で、その相続の開始があった日の翌日から、その相続税の申告書の提出期限の翌日以後3年以内に譲渡されたものであること。

　この特例を受けようとする年度の所得税の確定申告書にこの特例を受ける旨を記載し、「相続税の取得費加算の計算に関する明細書」を添付することが必要です。

■ 相続税の申告と納付期限

```
相続開始（相続を知った日）

├ 4か月      所得税・消費税の準確定申告と納付
│            ・期限内に行わないと
│              加算税・延滞税がかかる
│
├ 10か月     相続税の申告と納付
│            ・期限内に行わないと
│                ①配偶者の税額軽減
│                ②小規模宅地等の特例
│              を受けられない
│            ・その他、加算税・延滞税もかかる
│
│
├ 3年10か月  相続税の取得費加算
│            ・期限内に行わないと
↓              この特例を受けられない
```

> **まとめ**
> 　所得税・消費税の準確定申告は4か月以内、相続税の申告は10か月以内、相続税の取得費加算は相続税の申告期限の3年以内（相続開始から3年10か月以内）に行わないと、加算税、延滞税がかかったり、税額軽減措置を受けられないなどの不利益があります。

遺産分割協議がまとまらないときは、ひとまず法定相続分で申告する

◆遺産分割協議に基づく申告

　各人が納付すべき相続税の税額は各相続人が相続した財産の価額によって変わります。そのため、遺産分割協議が成立し、それぞれが取得することのできる遺産の内容が決まらないと、各相続人が負担すべき相続税を算定することはできません。

　よって、相続税の申告期限までに遺産分割協議を終了し、各相続人が相続税の申告および納税を行うことが原則となります。

◆遺産分割協議がまとまらない場合の申告

　遺産分割協議が成立して初めて、各相続人の具体的な相続税額が決まるのですが、遺産分割協議が成立していない場合には遺産分割協議が成立してから申告を行えばよいという訳ではありません。

　このような場合には、ひとまず法定相続分で分割したものとして申告期限までに申告を行い、納税を行います。これは、加算税や延滞税などの発生をできる限り抑えるため、また、配偶者の税額軽減や小規模宅地等の特例といった税額を軽減する制度の恩恵を受けるためです。

　このように、遺産分割協議が成立せず、ひとまず法定相続分により申告を行う場合には、申告書に「申告期限後3年以内の分割見込書」を添付します。同書に期限までに分割できない事情や分割の予定などを記載します。その後、修正申告または更正の請求を行い、本来負担すべき相続税の支払を行い、また、還付を受けることになります。

◆修正申告

　ひとまず法定相続分に基づく相続税を納めたけれども、実際に取得し

た相続財産が法定相続分よりも多かったという場合には、修正申告を行い、不足分の相続税および納付日までの延滞税を納めます。

◆更正の請求

ひとまず法定相続分に基づく相続税を納めたけれども、実際に取得した相続財産が法定相続分よりも少なかったという場合には、更正の請求を行い、納付し過ぎた相続税の返還を要求することになります。これにより、税務署は調査を行い、更正すべき理由があると認められる場合には納め過ぎた分の相続税の還付がなされることになります。

申告期限から3年以内に分割をした場合には、前記特例の適用を受けることができます。この場合、更正の請求は遺産分割日の翌日から4か月以内に行う必要があります。

■ 遺産分割協議がまとまらないとき

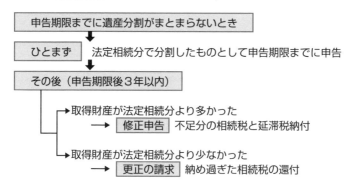

まとめ　遺産分割協議がまとまらないときにはひとまず法定相続分で相続税の申告を行い、後日遺産分割協議がまとまった時点で、修正申告または更正の請求を行うということになります。

ポイント47 現金納付が原則だが、延納や物納の例外がある

◆相続税の納付

　相続税は、現金で一括納付を行うのが原則です。しかし、相続財産が不動産のみであり、一括で納める現金がないような場合のために、一定の要件を満たすことで「延納」と「物納」が認められることがあります。

◆延納

　延納を行うためには、

> ①相続税が10万円を超えていること
> ②納期限までに金銭納付を困難とする理由があること
> ③納期限までに延納申請書を税務署に提出すること
> ④原則として担保を提供すること（延納金額が100万円以下、かつ延納期間が3年以下である場合には担保は不要）

という4つの要件を満たし、税務署長の許可をもらう必要があります。また、延納は本来一括で支払うべき相続税を分割で払うというもので、利子がかかります。この利子税の割合は1.2～6.0%であり、相続財産ごとに細かく分けられています（ただし、延納特例基準割合が7.3%に満たない場合には、「利子税割合×延納特例基準割合÷7.3%」という修正された利子税割合が適用されることになります）。

　また、延納期間についても相続財産の中で不動産の占める割合により、5～20年の延納期間が定められています。

◆物納

物納を行うためには、

> ①延納によっても金銭で納付することが困難であり、かつ、その困難な金額を限度とすること
> ②納付期限までに物納申請書を税務署に提出すること
> ③管理処分不適格財産（抵当権が設定されている不動産、係争中の財産、境界が不確定の土地など）でないこと

という3つの要件を満たし、税務署長の許可をもらう必要があります。

物納を行うことができる財産は、課税価格計算の基礎となった財産のうち、日本国内にある①国債・地方債、不動産・船舶、②社債・株式、③動産であり、この①から③の順序で納付を行うことができます。

■ 相続税の納付

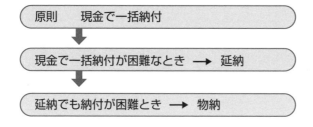

> **まとめ**
> 相続税の納付は一括で現金により納付を行うことが原則です。しかし、現金での一括納付を行えない事情がある場合には、一定の要件を満たすことにより、延納または物納が可能なことがあります。

ポイント48 無申告や過少申告には、加算税が課せられる

◆無申告の場合には無申告加算税が課される

　相続税の申告を申告期限内に行わなかった場合には、無申告加算税が課されます。申告期限を過ぎた後、自主的に申告を行った場合には、申告期限の２週間以内であれば加算税はかかりませんが（延滞税はかかります）、２週間を超えてしまった場合には本税部分に対して５％の無申告加算税が課されます。

　これに対して、当局から指摘を受けてから申告を行った場合や決定があった場合には、50万円までの本税部分に対しては15％、50万円を超える本税部分に対しては20％の無申告加算税が課されます。

◆過少申告の場合には過少申告加算税が課される

　相続税の申告を申告期限に行っていたとしても、申告漏れや計算間違いがあった場合には修正申告を行う必要があります。

　この場合、自主的に修正申告を行った場合には加算税は課されません。

　これに対して、当局から指摘を受けてから修正申告を行った場合や更正があった場合には追徴税額の10％（追加納付税額が当初の申告納税額と50万円のいずれか多い金額を超える部分に対しては15％）の過少申告加算税が課されます。

◆隠蔽を行ったような場合は重加算税が課される

　財産を隠したり、証拠書類を偽装した場合には重加算税が課されます。これは、無申告加算税や過少申告加算税に代わって課せられる加算税ですので、無申告加算税や過少申告加算税と重ねて課されることはありません。

申告期限内に申告を行った場合には追加納付の追徴税額の35％、申告期限内に申告を行っていない場合には申告税額の40％の重加算税が課されます。

◆加算税が課される場合には延滞税も課される

これらの加算税が課される場合には、追加納付すべき相続税があることになるので、この不足する本税に対して法定納期限の翌日から納付する日までの日数に応じた延滞税が課されることになります。なお、延滞税の税率については ポイント 45 P167

■ 相続税の加算税

税 名	内　　容	税率
無申告加算税	自主的に期限後に申告（期限から2週間以内なら0％）	5％
	納税額から50万円までの部分	15％
	納税額のうち50万円を超える部分	20％
過少申告加算税	自主的に修正申告	なし
	新たに納める税金が当初の申告納税額と50万円とのいずれか多い金額までの部分	10％
	新たに納める税金が当初の申告納税額と50万円とのいずれか多い金額を超える部分	15％
重加算税	申告を行ったが財産を隠したり証拠書類を偽装した場合	35％
	申告を行なわずに財産を隠したり証拠書類を偽装した場合	40％

> **まとめ**
> 相続税の申告を申告期限内に行わない場合や、申告期限内に行っても申告が間違っている場合などには、加算税や延滞税が課されることになります。相続税の申告の際には税務署や税理士などの専門家に相談を行い、申告期限内に間違いのない申告を行うようにしましょう。

第7章

生前贈与の手続

ポイント49 相続対策として生前贈与の方法がある

◆**生前贈与とは？**

　自己の財産は、自分の意思で自由に処分できるのが原則です。相続財産を、自分の意思で処分するには、遺言により遺贈する方法と、生前贈与しておく方法があります。生前贈与とは、被相続人が死亡する前に、自分の意思で相続人やそれ以外の人に財産を無償で譲渡することです。

◆**生前贈与は有効な節税対策になる**

　あらかじめ生前に財産を渡しておけば相続財産を減らせるので、それによって相続税を減らすことができます。

　ただ、生前贈与には贈与税がかかり、贈与税は相続税に比べ、税率が高くなるので、うまく利用しなければ節税は見込めません。

◆**贈与税の基礎控除（暦年課税方式）の活用**

　暦年課税方式では、贈与を受けた財産から、年110万円を基礎控除として引くことが認められています。すなわち、1年間にもらった財産の合計額が110万円以下であれば、贈与税はかかりません。

　たとえば、法定相続人の2人に対して毎年110万円ずつ10年間贈与をした場合、2,200万円の財産を生前に渡すことができ、贈与税はかかりません。また、その分、相続財産が減ったことになるので、結果的に相続税も減ることになります。

　同じ2,200万円を一度に贈与してしまうと多額の贈与税がかかるので、暦年課税方式を利用した生前贈与は節税対策となります。

第7章 生前贈与の手続

◆居住用住宅の贈与における配偶者控除の活用

婚姻期間が20年以上の夫婦の間で、自分が住むための国内の不動産を取得するために贈与が行われた場合、2,000万円までは課税されません。これは、前記年110万円の基礎控除とともに使うことができるので、合計2,110万円までは、課税されないことになります。

◆生前贈与（暦年課税方式）の注意点

要件に当てはまらないと判断されると、多額の贈与税を支払うことになるので、注意が必要です。以下3点指摘します。

① 贈与契約書の作成

受贈者（もらう人）の合意があることが前提となるので、第三者に証明できるように、贈与契約書（P180に例あり）を贈与の都度作っておくべきです。

② 額と時期に注意

毎年決まった額を同じ日に、定期的に贈与すると、定期金の贈与とみなされ一括して課税され、基礎控除の対象にならないおそれがあります。

そこで、毎年違う時期に、毎年違う金額を贈与するのも一つの方策です。

③ 贈与の証拠を残す

贈与であるという証拠として、110万円を超える贈与をして贈与税を納めておくという方法もあります。

また、受遺者の本人口座に毎回振り込みを利用して記録を残すべきです。ただし、親が勝手に子ども名義の銀行口座をつくって入金し、通帳や印鑑を親が管理している場合には、贈与と認められないので注意してください。

■ 贈与契約書

　　　　　　　　　　贈与契約書

贈与者甲と受贈者乙とは、次のとおり贈与契約を締結した。

第1条　甲はその所有する下記の財産を乙に贈与することとし、乙はこれを承諾した。
　　　1　現金110万円

第2条　甲は当該財産を平成〇〇年〇〇月〇〇日までに、銀行送金の方法により、乙に引き渡すこととする。

以上の契約を証するため本書を作成し、署名捺印のうえ、各自その1通を保有する。

平成〇〇年〇〇月〇〇日

甲　住所
　　氏名　　　　　　　　　　　㊞
乙　住所
　　氏名　　　　　　　　　　　㊞

> **まとめ**
>
> 　高額な財産を贈与すると、受贈者に税率の高い贈与税が課されますが、1年間の贈与額が110万円以下であれば贈与税はかかりません。また、配偶者間で居住用不動産または居住用不動産を取得するための資金を贈与した場合には、2,000万円まで控除され、贈与税が掛かりません。これらをうまく利用することで、相続税対策をすることができます。

ポイント50 生前贈与の税金を精算する「相続時精算課税制度」がある

　前項「ポイント49」では暦年課税方式で認められている基礎控除や配偶者控除を利用しての生前贈与による節税について説明しました。

　贈与税の課税方式にはもう一つ、相続時精算課税方式（制度）があります。

◆相続時精算課税制度とは？

　相続時精算課税制度とは、贈与時に贈与財産に対する贈与税を納付し、贈与者が亡くなったときにその贈与財産の価額と相続や遺贈によって取得した財産の価額とを合計した金額を基に計算した相続税額から、既に納付した贈与税に相当する金額を控除した額をもって納付すべき相続税額とする制度です。相続税の前払い的な性質を持つものです。

◆ 2,500万円の特別控除がある

　相続時精算課税方式では 2,500万円の特別控除が認められています。2,500万円以内の現金やそれに相当する額の不動産を親から贈与された場合は、贈与税がかかりません。これを超える金額には一律 20％の贈与税がかかります。贈与者の死亡時に、相続財産とこの生前贈与を合わせた額に相続税がかかり精算することになります。

　この 2,500万円の特別控除は、累積で 2,500万円になるまで複数年に繰り越すことができます。つまり、1年目に 1,500万円贈与して、2年目に 1,000万円贈与することも可能です。なお、一度相続時精算課税方式を選択すると、暦年課税方式には戻せません。

◆相続時精算課税制度を利用するための要件

相続時精算課税制度を利用するためには、贈与者は60歳以上の親または祖父母で、受贈者は贈与者の推定相続人である20歳以上の子または孫でなければならず、対象者が限定されます。なお、年齢は、贈与があった年の1月1日現在で判定します。贈与を受ける人の人数について制限はありません。

◆具体的な計算方法

親が子1人に3,000万円を、相続時精算課税制度を利用し、贈与したとします。3,000万円－2,500万円＝500万円が課税価格となります。相続時精算課税の贈与税は一律20％ですので、500万円×20％＝100万円が贈与税額になります。

次に、親が死亡後に子が相続した財産と上記贈与を受けた3,000万円を合算した金額を元に、相続税額を計算します。そして、この相続税額からすでに支払った贈与税額（100万円）を差し引いた額が、納付すべき相続税額となります。なお、相続財産と合算する贈与財産の価額は、贈与時の価額となります。

また、支払った贈与税の方が相続税よりも多い場合には、還付を受けることができます。

◆相続時精算課税制度のメリット・デメリット

メリット／①収益物件の贈与なら、贈与後の収益が受贈者のものとなるため贈与者（被相続人）の相続財産が増えず、間接的に節税となる、②値上がりが見込める財産の贈与なら、相続税の計算において贈与時の時価が採用されるので、節税になる、など。

デメリット／①贈与財産は相続時に小規模宅地等の特例を受けることができない、②贈与財産は物納できない、など。

第7章 生前贈与の手続

■ 贈与税の課税方式（暦年課税と相続時精算課税）の比較

区分	暦年課税	相続時精算課税 （相続税・贈与税の一体化措置）
贈与者 ・受贈者	親族間のほか、 第三者からの贈与を含む	60歳以上の者から 20歳以上の推定相続人および孫への贈与
選択	不要	必要（贈与者ごと、受贈者ごとに選択） → 一度選択すれば、相続時までに継続適用
課税時期	贈与時 （その時点の時価で課税）	同左
控除	基礎控除(毎年)：110万円	特別控除 （限度額まで複数回使用可）：2500万円
税率	10％〜55％の8段階	一律20％
相続時	―	贈与財産を贈与時の時価で相続財産に合算 （相続税額を超えて納付した贈与税は還付）

財務省ホームページより

> **まとめ**
> 　相続時精算課税制度は、相続税の前払い的な性質を持つため、収益性のある財産の生前贈与や、将来値上がりの可能性の高い財産の生前贈与を行うと結果的に節税になることがあります。もっとも、利用できる条件や途中での課税方法の変更はできないので、うまく利用することが必要です。

江さんのQ&Aでわかる 気になる相続のお話 ⑫

子どもがいない夫婦ですが、相続の注意点は？

──相談者81歳（男性）のケース

● 公正証書遺言の作成がお勧め

Q 家族といえば、私には60歳になる妻がいるだけで、子どもがいません。兄弟は7人いましたが、みんな死亡しており、その子どもたちが18人います。財産は、約4000万円の私名義の自宅があるだけですが、今から妻のために何かしておくことが必要でしょうか。

A もし、あなたが、何もしないで妻より先に死亡した場合は、相続人は、妻と兄弟の子ども18人となり、相続財産は妻が4分の3、兄弟の子ども18人が合計で4分の1を取得することになります。もし、妻が自宅を確保しようと思えば、妻は、ほかの相続人に対し、自宅を取得した代償金として、約1000万円（4000万円の4分の1）ものお金を支払わなくてはならなくなる可能性があります。

Q それは大変！　妻にすべてを取得させるためにはどうしたらいいのでしょうか。

A やはり遺言書を書くことですね。「すべての財産を妻に取得させる」と書けばよいのです。確実を期すためには、公証役場に行って公正証書遺言を作成してもらうことをお勧めします。

Q しかし、相続人には「遺留分」というのがあって、一定の権利を主張することができると聞いたことがあるのですが……。私の兄弟の子どもたちが主張したらどうすればいいでしょうか。

兄弟には遺留分はない

A 兄弟（またはその子どもたち）には、遺留分はありませんので、心配はいりません。

Q 生前贈与の方法はないのですか？

A 一般に贈与税は相続税に比べて割高ですが、奥様との結婚期間が20年以上経過していれば、居住用不動産の贈与に関しては、贈与税は、基礎控除額110万円のほかに、2000万円の控除があります。この範囲であれば、生前贈与も一つの方法です。しかし、生前贈与はしたが、先に奥様の方が亡くなられたときには、ご自身と奥様の父母あるいは兄弟が相続人となり、新たな遺産分割の問題が発生しますので、ご注意を。

編著者紹介

▌編著者

やました　こう
山下　江

弁護士・山下江法律事務所代表。広島県江田島市・1952年生まれ。東京大学工学部中退。元広島弁護士会副会長、NPO法人広島経済活性化推進倶楽部（KKC）理事長、一般社団法人人生安心サポートセンターきらり顧問、一般社団法人はなまる相続監事ほか。

▌著者

たなか　しん **田中　伸**	弁護士・山下江法律事務所副代表。広島県三原市生まれ。一橋大学法学部卒業。元広島弁護士会副会長。
しばはし　おさむ **柴橋　修**	弁護士・山下江法律事務所所属。広島県安芸郡熊野町生まれ。早稲田大学法学部卒業。
いながき　ひろゆき **稲垣　洋之**	弁護士・山下江法律事務所所属。広島県広島市生まれ。一橋大学法学部卒業。
やまぐち　たかし **山口　卓**	弁護士・山下江法律事務所所属。大阪府大阪市生まれ。京都大学法学部卒業、同大学法科大学院修了。
かさはら　たすく **笠原　輔**	弁護士・山下江法律事務所所属。岡山県倉敷市生まれ。京都大学法学部卒業、同大学法科大学院修了。
かとう　やすし **加藤　泰**	弁護士・山下江法律事務所所属。宮城県仙台市生まれ。早稲田大学法学部卒業。一般社団法人はなまる相続理事。

<ruby>齋村<rt>さいむら</rt></ruby> <ruby>美由紀<rt>みゆき</rt></ruby>	弁護士・山下江法律事務所所属。広島県広島市生まれ。早稲田大学政治経済学部政治学科卒業、山梨学院大学法科大学院修了。
<ruby>城<rt>じょう</rt></ruby> <ruby>昌志<rt>まさし</rt></ruby>	弁護士・山下江法律事務所所属。大分県宇佐市生まれ。東京大学法学部卒業、千葉大学法科大学院修了。
<ruby>蔦尾<rt>つたお</rt></ruby> <ruby>健太郎<rt>けんたろう</rt></ruby>	弁護士・山下江法律事務所所属。広島県広島市生まれ。中央大学法学部卒業、日本大学法科大学院修了。
<ruby>松浦<rt>まつうら</rt></ruby> <ruby>亮介<rt>りょうすけ</rt></ruby>	弁護士・山下江法律事務所所属。広島県因島市(現・尾道市)生まれ。東京大学文学部卒業、神戸大学法科大学院修了。
<ruby>新名内<rt>にいなうち</rt></ruby> <ruby>沙織<rt>さおり</rt></ruby>	弁護士・山下江法律事務所所属。広島県呉市生まれ。京都大学法学部卒業、同大学法科大学院修了。
<ruby>久井<rt>ひさい</rt></ruby> <ruby>春樹<rt>はるき</rt></ruby>	弁護士・山下江法律事務所所属。大阪府堺市生まれ。関西学院大学法学部卒業、関西大学法科大学院修了。
<ruby>青山<rt>あおやま</rt></ruby> <ruby>慶子<rt>けいこ</rt></ruby>	弁護士・山下江法律事務所所属。広島県広島市生まれ。東京大学法学部卒業、中央大学法科大学院修了。
<ruby>今井<rt>いまい</rt></ruby> <ruby>絵美<rt>えみ</rt></ruby>	相続アドバイザー(上級)・マネーバランスドクター(R)・山下江法律事務所所属。愛媛県松山市生まれ。広島大学法学部法学科卒業。一般社団法人はなまる相続理事。
<ruby>山口<rt>やまぐち</rt></ruby> <ruby>亜由美<rt>あゆみ</rt></ruby>	相続アドバイザー・宅地建物取引士・2級FP技能士・山下江法律事務所所属。大阪府枚方市生まれ。東京大学大学院工学系研究科博士課程修了。一般社団法人はなまる相続代表理事。

相続・遺言に関して、解決事例などさらに詳しく
お知りになりたい方は、
下記のホームページをご覧ください。
www.hiroshima-sozoku.com

山下江法律事務所
〒730-0012
広島市中区上八丁堀4-27 上八丁堀ビル703
TEL：082-223-0695　　FAX：082-223-2652

●装丁／久原大樹（スタジオアルタ）
●本文DTP／濵先貴之（M−ARTS）
●図版作成／岡本善弘（アルフォンス）
●イラスト／momonga
●編集協力／石濱圭太

相続・遺言のポイント50

2016年5月20日　初版　第1刷

編　著／山下　江
発行者／西元俊典
発行元／有限会社 南々社
　　　　〒732-0048　広島市東区山根町27-2
　　　　TEL 082-261-8243　FAX 082-261-8647
　　　　振替　01330-0-62498

印刷製本所／株式会社 シナノ パブリッシング プレス
※定価はカバーに表示してあります。

落丁・乱丁本は送料小社負担でお取り替えいたします。
小社宛てにお送りください。
本書の無断複写・複製・転載を禁じます。

©Ko Yamashita,2016,Printed in Japan
ISBN978-4-86489-051-9